房地产行业培训

◇房地产中介法律知识系列读本◇

房地产中介常见法律问题有问必答

肖海军◎著

中国经济出版社
CHINA ECONOMIC PUBLISHING HOUSE
北 京

图书在版编目（CIP）数据

房地产中介常见法律问题有问必答/肖海军著.
—北京：中国经济出版社，2017.1（2021.8重印）
ISBN 978-7-5136-4470-9

Ⅰ.①房… Ⅱ.①肖… Ⅲ.①房地产市场—市场中介组织—法规—中国—问题解答 Ⅳ.①D922.385

中国版本图书馆CIP数据核字（2016）第264889号

责任编辑　葛　晶
责任审读　贺　静
责任印制　马小宾
封面设计　金刚设计

出版发行　中国经济出版社
印 刷 者　北京富泰印刷有限责任公司
经 销 者　各地新华书店
开　　本　710mm×1000mm　1/16
印　　张　18.5
字　　数　230千字
版　　次　2017年1月第1版
印　　次　2021年8月第7次
定　　价　48.00元
广告经营许可证　京西工商广字第8179号

中国经济出版社 **网址** www.economyph.com **社址** 北京市东城区安定门外大街58号 **邮编** 100011
本版图书如存在印装质量问题，请与本社销售中心联系调换（联系电话：010-57512564）

序　言

每次讲完房地产中介法律培训课，学员们总在问："肖老师，您讲的课很精彩很实务，接地气，但时间这么短，我还有很多法律问题想了解，您有没有出一本专门针对我们房地产中介法律问题的书?"每每被追问都觉得很汗颜，因为自己的懒散，有负学员们的信任。

从2007年专业从事二手房交易的法律事务已近十年，其间，经手的二手房居间和买卖案件数百件，为上千个房地产经纪人提供过法律咨询，也为广州市房地产行业协会、佛山市房地产行业协会、阳江市房地产行业协会以及诸多省内外房地产经纪公司进行过法律培训，可是，偏偏就没有出过一本专讲房地产中介法律问题的书。其实也并不是没有想过，但都因为有太多的事务要处理而没有成行。

好在，历经十年，从原广州市奥锐法律顾问有限公司到现在的专业从事房地产业务的律师事务所——广东广岭律师事务所，从我孤身一人到现在十几个律师和助理的超强团队，无论是理论基础还是实践经验也都得到了极大的提升，我也从诸多繁杂的琐碎事务中解脱出来，好好地谋划出一本简单易懂、实务性强，且专门针对房地产中介在二手房交易居间过程中可能出现的风险点或法律纠纷，一一进行分析，并提出行之有效建议的专业法律书籍。

于是，我从经手的数百个二手房买卖合同及居间合同纠纷案件中挑选最为经典的案例，从上千个法律咨询中遴选最有代表性的问题，同时，我和我的团队还为此走访了上百家中介公司收集他们最关注的法律问题，最终汇编了这本《房地产中介常见法律问题有问必答——地产经纪必备的法律宝典》。

出版之前，我曾就这本书的初稿与我们的上百家中介公司会员单位进行了深入沟通，他们都给予了高度的评价，也提出了很多中肯的建议，对此，我深表感激，真的希望，这本书不辜负你们的期望。

另，本所麦丽妍律师、卢玉婷律师、张佩琪实习律师、王萍萍实习律师等都参与了本书的编写与修订工作，感谢我们团队全体成员的辛苦付出。

肖海军
2016 年 7 月

房企力荐，地产经纪人不能错过的法律宝典

（排名不分先后）

《房地产中介常见法律问题有问必答》是一本非常细致而且全面的房地产经纪法律实务宝典，几乎汇集了当前房地产经纪行业涉及的所有法律问题，是一本不错的实战培训教材。从房地产经纪居间基础开始，到交易、签约、风险控制、交楼等环节，面面俱到，且通俗易懂。熟读本书能够有效减少跳单及违约情形的发生，完善房地产经纪人的法律知识体系，从而提升经纪公司在风险控制上的综合能力。

本书的精华在于通过案例诠释了《合同法》《民法通则》《物权法》及相关法律法规，相当于一名法律顾问，所以，我称这本书为“房地产经纪行业的法律百科全书”。

武汉酷居房地产代理有限公司　武汉百乐居房地产经纪顾问有限公司

董事总经理　冯驰

肖律师大作《房地产中介常见法律问题有问必答》注定成为房地产实务界人士的案头工具书。“法律的生命力在于实施，法律的权威也在于实施。”读好书，更智慧；经纪人，更专业！

惠东中介协会会长　周文君

知识改变命运，肖老师的这本法律宝典和他的精彩培训能让我们每一个地产人更快地提升自己。

兰州巨信房产总经理　赵勤森

只有依法治企，将法律服务体系建设提升到战略发展的层面，才能切实突破房产中介企业运营与发展的困局。

东莞品置地产集团董事长　连安源

专业的法律书籍，对房地产业健康发展起到了保驾护航的作用。

惠州喜乐居地产总经理　周庆国

“懂规则，懂法律，懂风险所在；知风险，知应对，知管理之道。”本书是肖海军律师的心血之作，是地产界法律用书的典范，也是每个地产公司提升服务品质的保证。这是一部中国地产行业最顶尖的、教会企业如何规避法律风险的教材，是每个公司必备、必读、必收藏的图书。

郑州正天置业总经理　辛换成

地产经纪从业人员必须从单纯的房产销售向依法销售转变。指导如何规范从业、如何做好流程管控等的法律图书一直是一片空白，期待肖海军律师的新书出版。

武汉永久置业房地产经纪有限公司总经理　王永久

所谓“工欲善其事，必先利其器”。感谢肖海军律师无私奉献的《房地产中介常见法律问题有问必答》一书，相信一定会为房地产行业健康发展做出贡献。

上海福人居房地产经纪有限公司徐汇区域经理　陆克涛

肖海军律师的培训课程在地产界是响当当的，他是我们公司常年的法律顾问，我们受益良多。在此，祝愿肖律师新书能够大卖，为更多地产中介及其经纪人带来启发和帮助。

广州市名致房地产总经理　黄江华

学习力就是竞争力，用最有效的知识武装自己，想成为地产行业的精英，先从《房地产中介常见法律问题有问必答》读起。

广东惠东穗鹏房地产总经理　温少雄

《房地产中介常见法律问题有问必答》一书实战性强，涉及专业知识面广，是房地产经纪从业人员学习的必备图书。

深圳市深天地房地产经纪有限公司总经理　尹延庆

这是一个规则为王的时代。敬畏规则、遵守规则也是地产中介行业顺势而为、做大做强的关键因素。肖海军律师的《房地产中介常见法律问题有问必答》一书阐释了我们平时工作中应该遵循的规则和操作的关键点，具有极其重要的指导意义，必须认真研读。

武汉天立世纪（百居易）总经理　谭雄文

人生因梦想而伟大，因学习而改变。学习的速度，决定发展的速度。

揭阳茂业地产有限公司总经理　黄育茂

肖海军律师的《房地产中介常见法律问题有问必答》一书将成为中小中介企业的工具包，让地产人身心解放。信阳罗山丰源房地产经纪有限公司受益匪浅！

信阳罗山丰源房地产总经理　杨超

这是一本地产行业法律“四库全书”，是每个经纪人必备的秘籍，是地产公司规范化、法制化的神器。

盛世万家房地产总经理　强毅

《房地产中介常见法律问题有问必答》一书内容非常切合实际，每一个细节也分析得精准、到位，且实操性很高，是地产中介企业把控风险的秘籍。

佛山顺德区致瀛地产有限公司总经理　刘耀诚

房地产经纪行业责任重大，风险无处不在。本书教导我们尊重法律，规避风险，具有很强的实用性。

宜昌颂辉房地产总经理　葛颂辉

肖海军律师的著作《房地产中介常见法律问题有问必答》涉及的法律知识对我们房产中介具有非常强的针对性，且专业、实用。同时，能为房产中介的健康发展保驾护航，也让我们的利益得到更有力的保障。推荐每一位从业伙伴人手一本。

南京富房置业顾问有限公司总经理　王亮

《房地产中介常见法律问题有问必答》让全国地产从业人员更加了解法律、遵守承诺、遵守道德底线。尊重为中国房地产付出努力的伙伴们。

晋城世纪坊房地产经纪有限公司总经理　张萍

强烈的愿望是希望之火，奋斗之神，是成功的原动力，欲望有多强烈就能爆发多大能量。当你有足够强烈的欲望去改变命运时，所有困难都会为你让路。

青岛恒筑房地产经纪有限公司总经理　赵海峰

《房地产中介常见法律问题有问必答》让更多地产同行学习如何避免纠纷、如何处理纠纷，更加深入了解地产行业的法律知识，收获更多心得。

广州满富地产总经理　余海波

期待肖海军律师的著作《房地产中介常见法律问题有问必答》！

小米房地产公司总经理　王瑞鑫

《房地产中介常见法律问题有问必答》这本书是中国为数不多的针对房地产法律风险管控的好书。本书从案例入手，提出建议，并进行归纳总结，为地产经纪人提供了宝贵的学习资料，也为地产经纪行业的发展作出了卓越的贡献。

安徽千淮房地产有限公司总经理　闫贻恒

在当今快速发展的时代，法律对于房地产经纪公司尤为重要。本书对房地产经纪机构多年来积累的诉讼案例给出了非常经典的解答，帮助企业知法、懂法、守法、用法，助推企业更加专业。

成都宏洋房地产经纪有限公司总经理　刘杨

法制社会需要的是法律意识强的经纪人和经纪公司。为业主负责，为客户负责，为公司负责，也为自己负责。增强法律意识，学习房地产法律知识，我推荐肖海军律师的《房地产中介常见法律问题有问必答》一书，浅显易懂、贴近实际，案例分析切中要害。

让我们远离法律纠纷!!!

成都市宏盛发房地产经纪有限公司总经理　黄俊

《房地产中介常见法律问题有问必答》这本书是帮助房地产中介公司成长的良师益友!

宁德豪门地产总经理　黄明兴

此书为中介行业保驾护航。对公司更好地保障业主与客户之间的利益，起到至关重要的作用。

惠州安家易房地产代理有限公司总经理　张法明

房地产经纪人应该注重法律专业知识的掌握。这本书为公司预防法律纠纷，解决法律纠纷保驾护航，绝不让你损失一分钱!

松原中海兄弟房产　孙婷婷

在这个瞬息万变的时代，信息透明度高，流通速度快，地产法律意识的提高，已经成为行业竞争力之一。这是一本法律宝典，是每个从业人员的必修课。

东莞市阳之光房地产经纪服务有限公司总经理　慕杰

让更多房地产经纪人知法、懂法，规避成交风险。由衷期待肖律师新书《房地产中介常见法律问题有问必答》上市，这是一本真正能帮助经纪人的实战法律宝典。

东莞市乐陶居房地产经纪有限公司总经理　欧阳晃荣

肖海军律师专注于房产法律研究十余年，相信他的书定会为广大房产中介人员“排忧解难”。

广州市承润房地产中介服务有限公司　吴小红

这本书中的所有问题都与房产交易过程中的各环节紧密相连，“律师解答”帮我们拨开云雾，“律师建议”给我们出谋划策，真的是一部房产中介法律知识的良心之作。

广州德之缘房地产代理有限公司　陶少健

现代社会是法治社会，推崇依法办事。这本书不仅教我们用法律自律，也教会我们用法律自保。

广州诚佳房地产代理有限公司　张由东

期盼已久的《房地产中介常见法律问题有问必答》上市了，作为房地产中介行业的法律知识教材，它是从业人员必读的工具书，帮助行业实现规范化和法制化。

安居乐地产总经理　余超明

房地产中介行业潜在风险很多，《房地产中介常见法律问题有问必答》是房地产行业每位经纪人必读的一本书，堪称书中瑰宝。

淄博永庆房地产服务有限公司总经理　盛青

肖海军律师的著作《房地产中介常见法律问题有问必答》一到手，烁家房产烦事不再愁。推荐所有地产中介都要拥有。

烁家房地产销售有限公司董事长　周兴

法律宝典将给中小型房地产中介带来更多法律援助，我们共同期待着它的“横空出世”。

深圳吉泰地产总经理　杨洋

期盼已久的《房地产中介常见法律问题有问必答》终于出版了，它是行业内第一本最具实用性的地产中介法律工具书，从业人员人人必读。

天津皓然地产总经理　贾喜伟

《房地产中介常见法律问题有问必答》囊括了中介机构与城市居民安居置业过程中可能遇到的所有常见法律问题，并以问答的形式，用通俗的语言呈现出来。从法律角度解答疑问，问答内容具有典型性和代表性。分析深入浅出，读者可以在轻松的阅读过程中，逐步提高知法、用法水平。

深圳市掌居网络地产　陈书香

房地产行业发展得越来越好，越来越规范，是因为有这些专业的地产法律专家保驾护航，买卖双方的权益才能得到保障，房屋的买卖风险和价格才能平衡。

我们扬帆起航，有你前途更开阔！

东莞地产领先品牌嘉丰地产　周章生

房地产中介公司的法律风险大多随着企业规模和交易规模的扩大而不断被放大，认真学习本书，能够帮助企业最大限度地降低法律风险，规避其带来的损失或其他消极影响。它不仅对本行业存在的问题提供了系统、深入而又新颖独到的解答，更给出了切实可行的操作方法。本书既是地产经纪从业人员必备的工具书，也是中介公司管理者有益的参考书。

天津鼎盛亿嘉房地产信息咨询有限公司　李红梅

一书在手，房产中介经营和交易过程中存在的法律问题都能找到答案。从经纪人到老板都应该学习了解。

内蒙古正邦地产蒙房地产　李永光

地产法律宝典在手，一切后顾之忧迎刃而解。谢谢肖海军律师又为地产业增添了一把“利器”。

银川星族地产　徐卫红

这是一本地产经纪人员必备的法律宝典，每个法律知识都讲得到位、到点，学习之后收获颇多，无论是经纪人或是管理人员都要看。

恒利房产　王宏东

规范经营、化险有道。341 个咨询问题，341 个详尽解答，解剖二手房买卖热点问题。本书是地产人必备书籍，你必须拥有。

衢州美家地产　严昊

期待已久的《房地产中介常见法律问题有问必答》即将出版，它解读了房地产居间法律知识，值得我们去认真学习体会，并运用到实践当中。

大庆市宝丽房地产经纪有限公司　李明顺

这是一本全面系统地阐述房地产法律法规的宝典。学习力就是竞争力，用最有效的知识武装自己。

遵义云俊房地产　胡海

要想走得稳、行得远、飞得高，就必须有理、有据、有法。本书从点到面地为行业提供了规章、法理的支持，是房地产中介人员必备用书。

美好创富房地产　张长峰

本书收录了房地产经纪行业涉及的众多法律问题，实用性和针对性极强，是门店必备法宝。

玉溪天和房地产　师永飞

规范行业标准，引领行业发展，用法律为中介行业保驾护航。

青岛嘉和家房地产　王莹

非常好，实实在在能够帮助中介公司的一本书。

长沙市创道房地产经纪有限公司　罗旺

这是一本贴近市场，贴近地产中介行业，为地产中介行业保驾护航的书。

佛山众诚行地产　谭剑新

本书是房产中介的必备法律宝典，帮助中介公司把风险控制在萌芽阶段。

昆明安馨地产　徐新亚

企业的法律意识不是最后一课，而是第一课。此书覆盖面广，针对性强，能够真正为企业保驾护航。

海南峻圆地产总经理　邓涛

在房产经纪市场诚信缺失、交易风险高、从业人员法律意识淡薄的大背景下，《房地产中介常见法律问题有问必答》的出版意义重大。

凉山州中信地产总经理　赖云洪

本书是具有很强的实战性与实效性的房地产法律用书，能够促进房地产行业更加规范地发展。

广缘房产　杨占科

《房地产中介常见法律问题有问必答》完整收录了全国房地产经纪法律问题，是一本帮助经纪人学习法律知识的好书，通俗易懂，实用性和针对性极强。

东珠地产　张金勇

《房地产中介常见法律问题有问必答》是一本具有很强的实战性与实效性的房地产法律图书，能够帮助房地产业内人士把门店做得更好，解决法律上的问题，非常值得推荐。

居佳地产总经理　许志勇

实践是检验真理的唯一标准。本书作者用丰富的实战案例和经验总结，给予广大房地产中介从业人员具有针对性的指导，是有效提升销售业绩的宝典，值得推荐。

自贡中联房产　黄麟

《房地产中介常见法律问题有问必答》这本书让地产人全面了解居间法律问题，武装自己，能够真正做到重诚信守合同，重新定义经纪人职业的新高度。

每个地产人都应该认真学习的一本好书！

芜湖铭宇房地产经纪有限公司　杨俊龙

每一位管理者都必须掌握的制胜秘籍，每一个经纪人都需全方位领会其中要领。想要成功，就必须高效率武装自己，坚持不断的学习就是最有效的武装。要成功没有捷径，认真学习之后，成功路上也并不拥挤。

南昌进贤恋家房产总经理　舒结华

追佣“利器”，当属此书！

南宁顺旺房地产总经理　史海敏

本书兼具可读性、实用性和指导性，问题直奔要害，解答简明扼要，建议中肯可鉴，不愧为作者多年心血力作，值得一读！

长乐市一品居房地产总经理　郑建云

全民懂法，全民守法，全民用法。《房地产中介常见法律问题有问必答》针对行业法律问题进行解答，让我们有法可依，有法可循，能够保障业主、客户以及公司三方利益，学会如何用法律武器来维护经纪人和经纪公司的权益。

昆山新开元房地产咨询有限公司总经理　卢晓龙

《房地产中介常见法律问题有问必答》想地产人之想，解地产人之需，不负众望！

宜宾市坤邦房地产营销策划有限公司总经理　王耀坤

肖海军律师服务于房产中介多年，他不仅为公司发展提供了很多法律支持，也为整个房产中介健康、稳定发展，做出了突出贡献。

濮阳市远航房地产经纪有限公司总经理　刘培培

法律能成就一个人，也能毁掉一个人。有了《房地产中介常见法律问题有问必答》这样一本好书，经纪人就有了护身符。

广东省台山市嘉联地产总经理　吴加球

这是一本地产中介实用手册，是提高成交量的一把利器。从前期的居间基础知识，到中期的合同法律风险控制，再到后期违约的相关规定，让我们清楚地了解每一个环节都是有法可依、违法必究的。

濮阳市鑫盟房地产营销策划有限公司总经理　郭子斌

所有的经纪公司都有交易风险。很庆幸，这个时代给予我们很多机会，但在机会面前如何把控风险，是我们关注已久的问题。《房地产中介常见法律问题有问必答》一定会为经纪公司保驾护航。

洛阳佐佑房地产经纪有限公司总经理　潘博文

《房地产中介常见法律问题有问必答》是地产中介的法宝，是老板、总经理、区域经理及店长必备的宝典。

贵州元和达房地产经纪有限公司　陈正强

这是一本关于房地产中介公司法律知识的“武林秘籍”，涵盖了房地产中介行业的所有法律问题及解答，推荐每一个从业人员认真学习。

天津鼎韵房地产经纪有限公司副总经理　张国伟

本书深度剖析了房产经纪法律法规，十分感谢肖海军律师为我们提供了这样一本好书，这是一本非常值得推荐的法律宝典。

宁德迈尔房产代理有限公司总经理　冯求良

这是当前房地产中介行业最专业、最具实战性并且唯一的法律问题解答图书。它能够帮助从业者提升法律意识，指导从业者用法律的武器保障自身利益，推荐所有经纪人朋友都要仔细阅读。

郑州华林不动产营销策划有限公司总经理　史小卫

一直以来，地产行业都缺乏与法律相关的书籍，大小地产中介公司都无法提供系统有效的相关培训，导致产生法律风险的概率大大增加，从而影响优质服务的提供。肖海军律师这本书正好填补了这个空白，非常及时、有效。这是行业之幸，点个大大的赞！

佛山凯城地产总经理　况斌

从创立公司开始就不断地学习相关法律知识，也因不懂地产行业的法律付出惨痛的代价。本书告诉广大中介人员，从签约阶段就可以开始做风控，防患于未然，非常实用。从业务至高层管理人员都可以学习借鉴。

义乌坐标不动产总经理　付至威

《房地产中介常见法律问题有问必答》将是数百万地产精英青睐的地产法律专业巨作；是新形势下，规避地产行业法律风险的必备宝典。

莆田中意房产总经理　韩志兴

《房地产中介常见法律问题有问必答》一书，值得推荐。

温州功铭地产董事长　张电电

随着行业的不断规范，市场的逐步发展，对房地产经纪人的要求也越来越高，那些没有专业水准、缺乏服务意识和法律意识的从业人员必将被市场淘汰。

重庆鼎吉房地产经纪有限公司　邓永利

生命的拥有在于时时感恩，我十分感谢肖海军律师出版了《房地产中介常见法律问题有问必答》一书，这是一本非常值得学习的好书。

苏州家事达房产总经理　朱国辉

肖老师的“宝典”，从地产经纪的工作实际出发，内容细致全面、通俗易懂，给予地产经纪人专业的法律知识解答。“宝典”将成为地产经纪人提升专业度、提高成交率、降低风险的必备工具。

成都五星元城房地产信息咨询有限公司　刘元伟

学习肖海军律师的力作《房地产中介常见法律问题有问必答》，让中介公司的经营无后顾之忧，相信此书的理念一定会帮助企业稳步发展。

大庆隆源房地产中介服务有限公司　张晓梅

本书从多个视角剖析了地产业的操作实务，覆盖地产交易全流程，逻辑性强，极具指导性和前瞻性，是中介公司前进路上的明灯，是规范地产业的一把标尺，是所有从事地产经纪的人员必备的学习工具。

红峰房产　邢亚峰

这本书值得所有售楼人员阅读，实践性强，只要用心去学，一定会帮助你防范法律风险，潜移默化地提升业绩。

徐州中宇房地产董事长　刘飞

地产中介行业非常需要法律来规范市场行为，本书可以作为地产经纪人必备的法律宝典，为中介行业保驾护航。

东莞市纬业房地产代理有限公司　钟玉河

本书从房地产中介的角度来思考和解决问题，是为广大房地产中介人员“量身定做”的，值得每一位房地产中介人员拥有并认真学习。

佛山市拓华房地产代理有限公司　佛山市永真房地产代理有限公司　付永立

市场上房地产经纪人如何销售、如何谈单、如何签约的书很多，这本书是少有的详细谈及如何规避法律风险的。作为房地产经纪人都应该认真阅读。

东莞强信地产　彭王强

门店销售与管理是中介公司“战斗”的最前沿，也是风险集中爆发的“雷区”，《房地产中介常见法律问题有问必答》不仅帮助我绕过了“雷区”，更为公司抵御法律风险筑起了防护墙。

四会市龙居置业总经理　潘国伟

《房地产中介常见法律问题有问必答》是房地产销售的助推器和规避风险的武器，是业务员的好帮手。

佛山信实物业总经理　张政带

此书立足于实践，涉及房产中介居间流程从放盘阶段到合同履行阶段的所有法律问题，提供了很多在居间过程中用得到的操作技巧，使此书更有价值。

广州地旺行投资管理有限公司　谭水棉

一直期盼肖海军律师这本书的出版，作为房产中介法律知识方面的专业书籍，它是我们公司人人必读的工具书，解除我们的后顾之忧。

广州穗坤房地产代理有限公司　刘文

本书涉及房屋买卖居间、租赁居间、公司管理、婚姻家庭析产等方面法律的问题，不仅内容全面，还极富实践性，每个问题都值得认真推敲。

广州市君誉伟业房地产代理有限公司　何健

近年来，我们和肖海军律师有着深度合作，常年接受肖律师团队提供的法律顾问服务，其精湛的诉讼技巧、专业的服务值得我们信赖。他的著作《房地产中介常见法律问题有问必答》将会保障整个行业的规范运行。

广州市祈安地产代理有限公司　麦英和

这是一本不可多得的房地产中介法律方面的专业书籍，全面扫除在房屋居间过程中遇到的“陷阱”以及公司管理中存在的隐患，我会把这本书推荐给身边从事相同工作的人。

广州市胜逸房地产代理有限公司总经理　吴清国

肖海军律师是中国为数不多的致力于研究房地产买卖居间纠纷的专家，他的书和课程一样精彩，我的员工已经用起来了，效果立竿见影。

广州市智富房地产代理有限公司总经理　潘旭辉

这本书中汇集的问题是肖海军律师多年从业经历的总结与沉淀，并加以理论提升。问题有针对性，解答精准，是一本房地产法律方面难得的好书。

广州市缔造房地产代理有限公司总经理　许煜明

这是一本居间防范的智慧宝典，是每一位经纪人和管理者都要学习的制胜秘籍。

佛山市南海区兴凰房地产中介有限公司　陈贵保

目录 CONTENTS

第 1 篇　居间基础知识

第2篇　二手房买卖居间法律问题

第 3 篇 二手房特殊房源及特殊交易方式

第 4 篇　一手房买卖居间法律问题

第 5 篇　房屋租赁居间法律问题

第 6 篇　中介公司相关费用收取法律问题

第 7 篇　中介公司管理基础知识

第 8 篇 婚姻、继承、赠与房屋法律问题

第1篇

居间基础知识

咨询1：什么叫居间合同？

律师解答：《中华人民共和国合同法》（简称《合同法》）第四百二十四条规定："居间合同是居间人向委托人报告订立合同的机会或者提供订立合同的媒介服务，委托人支付报酬的合同。"

居间合同是指当事人双方约定一方接受他方的委托，并按照他方的指示要求，为他方报告订立合同的机会或者为订约提供媒介服务，委托人给付报酬的合同。在居间合同中，接受委托报告订立合同机会或者提供交易媒介的一方为居间人，给付报酬的一方为委托人。

咨询2：中介公司在房产交易中的身份和地位？

律师解答：《合同法》第四百二十四条规定："居间合同是居间人向委托人报告订立合同的机会或者提供订立合同的媒介服务，委托人支付报酬的合同。"

根据上述规定，并结合中介公司的行业特性，中介公司是利用其掌握的房源信息和客源信息，在房产交易中为买卖双方提供订立合同的机会或服务的居间人，因此，中介公司在房产交易中处于居间地位和居间人的身份。

律师建议：中介公司在居间过程中应牢记自己的身份与地位，房屋买卖关系只约束房屋买卖交易双方，中介公司不应扩大自己的义务范围，更不能干预、干涉房屋买卖双方进行的正常房屋买卖行为。

咨询3：什么叫报告订立合同的机会？

律师解答：所谓报告订约机会，是指居间人接受一方委托人的委托，寻觅、搜索信息报告委托人，从而提供订立合同的机会。就二手房交易而言，通俗点讲，就是居间人（中介公司）利用自己手头掌握的房源信息以及购房（租赁）客户的需求信息，进行筛选、匹配，从而为买卖（租赁）双方提供供求信息，双方正是利用居间人（中介公司）的这一信息，从而达成交易。

咨询4：什么叫提供订立合同的媒介服务？

律师解答：所谓提供订立合同的媒介服务，是指介绍双方当事人订立合同，居间人不但要向委托人报告订约的机会，而且还要进一步周旋于委托人与第三人之间，努力促成合同成立。简单点讲，就是居间人（中介公司）利用信息，通过协商谈判，促成买卖或租赁双方当事人签订买卖合同或租赁合同。

咨询5：房屋买卖合同什么时候成立？

律师解答：《合同法》第二十五条规定：“承诺生效时合同成立”；第三十二条规定：“当事人采用合同书形式订立合同的，自双方当事人签字或者盖章时合同成立”。第三十三条规定：“当事人采用信件、数据电文等形式订立合同的，可以在合同成立之前要求签订确认书。签订确认书时合同成立。”《中华人民共和国城市房地产管理法》（以下简称《城市房地产管理法》）第四十条规定“房地产转让，应当签订书面转让合同……”因此，房屋买卖合同应在买卖双方达成书面的一致意思表示时成立。

同时，根据《合同法》第三十六条的规定：“法律、行政法规规定或者当事人约定采用书面形式订立合同，当事人未采用书面形式但一方已经履行主要义务，对方接受的，该合同成立。”虽然双方仅口头达成买卖房屋的一致意思表示未签订书面的房屋买卖合同的，若买方已支付大部分房款或卖方已交付房屋的，房屋买卖合同也成立。

律师建议：为防止买卖双方以合同不成立为借口拒付居间服务费，中介公司在促成买卖双方谈好交易条件后必须马上签订书面的房屋买卖合同。

咨询 6：居间人的基本义务有哪些？

律师解答：《合同法》第四百二十五条规定："居间人应当就有关订立合同的事项向委托人如实报告。"

《房地产经纪管理办法》第二十一条规定："房地产经纪机构签订房地产经纪服务合同前，应当向委托人说明房地产经纪服务合同和房屋买卖合同或者房屋租赁合同的相关内容，并书面告知下列事项：

（一）是否与委托房屋有利害关系；

（二）应当由委托人协助的事宜、提供的资料；

（三）委托房屋的市场参考价格；

（四）房屋交易的一般程序及可能存在的风险；

（五）房屋交易涉及的税费；

（六）经纪服务的内容及完成标准；

（七）经纪服务收费标准和支付时间；

（八）其他需要告知的事项。

房地产经纪机构根据交易当事人需要提供房地产经纪服务以外的其他服务的，应当事先经当事人书面同意并告知服务内容及收费标准。书面告知材料应当经委托人签名（盖章）确认。"

《房地产经纪管理办法》第二十二条规定："房地产经纪机构与委托人签订房屋出售、出租经纪服务合同，应当查看委托出售、出租的房屋及房屋权属证书，委托人的身份证明等有关资料，并应当编制房屋状况说明书。经委托人书面同意后，方可以对外发布相应的房源信息。房地产经纪机构与委托人签订房屋承购、承租经纪服务合同，应当查看委托人身份证明等有关资料。"

从以上规定归纳居间人在居间过程中的义务，主要包括三大方面：如实报告义务、书面告知义务、合理审查义务。

律师建议：中介公司作为居间人在居间过程中要尽到以上三大基本义务，不能隐瞒居间过程中所知悉的房屋状况并如实告知买卖双方关于订立合同的相关事宜，合理审查买卖双方主体资格、产权信息等，否则，因中介公司的过错损害买卖双方利益的，不得要求支付报酬并应当承担损害赔偿责任。

第2篇

二手房买卖居间法律问题

第一章　放盘阶段

第一节　放盘纸（委托出售协议）的性质

咨询7：中介公司与卖方签订放盘纸后，形成的是什么法律关系？

律师解答：《合同法》第四百二十四条规定："居间合同是居间人向委托人报告订立合同的机会或者提供订立合同的媒介服务，委托人支付报酬的合同。"

"放盘纸"是房地产中介行业中的专业术语，是指在二手房屋买卖中卖方委托中介公司寻找买家，为出售自己的房屋寻找、报告订立合同的机会，中介公司与卖方之间形成居间的法律关系。

律师建议：放盘纸是中介公司与卖方之间形成居间关系的书面凭证，是中介公司进行居间活动的法律依据，也是中介公司收取居间服务费的法律依据，因此，卖方来放盘时，中介公司应要求卖方签订放盘纸并妥善保存放盘纸。

咨询8：放盘纸有哪些种类？

律师解答：放盘纸（委托出售协议）的种类包括一般代理和独家代理，独家代理又分为限时独家代理和一般独家代理。代理种类不同，代理的权限与内容也就不同。

律师建议： 中介公司和卖方签放盘纸时，要明确代理种类与权限，清楚了解不同种类的放盘纸中中介公司所拥有的权利及应承担的义务。

咨询9：什么叫独家代理？

律师解答： 独家代理是指在指定地区和一定的期限内，由该独家代理人单独代表委托人从事有关的商业活动。委托人在该地区内不得再委派第二个代理人。

针对二手房地产中介这个行业来说，常见的情形就是卖方将其名下的房产独家委托一家中介公司帮其销售，在约定的时间或约定的地区范围内，卖方承诺不会委托第二家中介公司进行代理的情形。

咨询10：什么叫限时独家代理？

律师解答： 限时独家代理属于代理的一种特殊方式，是委托人与被委托人约定在一定时间内由被委托人独家代理（排除任何第三方）委托人所委托的事宜。

在房屋买卖中，中介公司为抢占房源和卖方签订限时独家代理时，会先交予卖方一些保证金，保证其在约定的时间会把房屋卖出，如果在约定的时间内没有把房屋成功出售，限时独家代理协议终止，卖方可没收保证金。

律师建议： 限时独家代理可有效防止卖方跳单行为，对居间服务费的约定也较高，但此种代理对中介公司也有一定风险，如中介公司在约定的时间没有把房屋卖出，往往会被没收保证金。所以，中介公司在签独家代理时，要考虑房屋状况、衡量其出售情况，不要为抢占房源、获取高额居间服务费而盲目签“限时独家”。

咨询11：独家代理与一般代理有什么不同？

律师解答：独家代理是排他的，一般代理是非排他的。也就是说，一般代理的情况下其他人也可以从事同样的代理业务；独家代理则在一定的时间和空间范围内，排除其他人从事同样代理业务的权利。

一般代理是指不享有对房屋的专卖权，但其他权利、义务和独家代理一样。在同一地区、同一时期内，委托人可以选定一家或几家中介公司代卖，并根据协议支付居间服务费。所以两者最大的区别在于"独家"只能委托一家出售，而一般代理的话，卖方可以多家放盘出售。

咨询12：限时独家代理与独家代理有什么不同？

律师解答：限时独家代理顾名思义比独家代理多了时间上的限制。独家代理一般也会设置代理期限，不同于限时独家代理的是，中介公司一旦期满还未将房屋出售出去，要么代理关系终止，要么续签代理合同，不存在对中介公司不利的后果。正因如此，卖方往往会担心中介公司不会全力以赴，故而经常要求代理合同中约定如到期中介公司还未成功出售的不利法律后果，比如要求中介公司事先支付一笔保证金，事后代理不成功则没收该保证金，以此达到督促中介公司的目的。

总的来说，限时独家代理与独家代理最大的不同在于合同中是否有约定到期代理不成功中介公司是否应承担相应的违约责任。

律师建议：对于有把握的优质盘源，中介公司可以尽量与业主签署限时独家代理。

第二节　放盘纸的法律效力

咨询13：签了放盘纸，卖方在其他中介公司成交的，卖方的行为属于飞单吗？

律师解答：《中华人民共和国消费者权益保护法》第九条规定："消费者享有自主选择商品或者服务的权利。"根据该规定，消费者有权自主选择提供商品或者服务的经营者，自主选择商品品种或者服务方式，自主决定购买或者不购买任何一种商品、接受或者不接受任何一项服务。消费者在自主选择商品或者服务时，有权进行比较、鉴别和挑选。

在居间法律关系中，中介公司为居间服务的提供者，卖方为居间服务的消费者，卖方放盘委托并非独家委托，不能限制卖方作为消费者进行服务选择的权利，卖方可以选择服务更好的其他中介公司成交。综上所述，签了放盘委托书，卖方在其他中介公司成交的，其行为不属于飞单。

> **律师建议：**当业主签了放盘纸以后没有通过接受盘源的中介公司成交的，应进行基础调查，确认业主是通过其他中介公司成交还是直接与客户私下成交的，如果属于后者，应收集相关证据并采取法律手段追讨居间服务费。

咨询14：《限时独家委托书》中约定的出售条款应包括哪些内容？

律师解答：《合同法》第十二条规定："合同的内容由当事人约定，一般包括以下条款：（一）当事人的名称或者姓名和住所；（二）标的；（三）数量；（四）质量；（五）价款或者报酬；（六）履行期限、地点和方式；（七）违约责任；（八）解决争议的方法。当事人可以参照各类合同的示范文本订立合同。”

鉴于限时独家委托的特殊性，委托书中除了明确合同当事人、房屋地址等的一般条款之外，最好还要明确与房屋出售有关的其他详细的条款，如价格、履行方式、违约责任等，尽量详细地约定出售条件，这样能够更好地约束卖方，从而更好地保障中介公司的利益。

律师建议：中介公司在编制《限时独家委托书》版本时，应明确写入上述《合同法》第十二条规定的八项内容，使《限时独家委托书》符合合同的基本要素。

咨询15：《限时独家委托书》未约定保证金条款，或约定了保证金条款但中介公司实际未支付的，卖方通过其他中介公司成交，是否构成违约？

律师解答：《合同法》第三十九条规定：“格式条款是当事人为了重复使用而预先拟定，并在订立合同时未与对方协商的条款。”根据该条款的定义，法院通常会认为《限时独家委托书》中的条款是中介公司为了重复使用而预先拟定的，与业主协商所用，属于格式条款。

《合同法》第四十条规定：“提供格式条款一方免除其责任、加重对方责任、排除对方主要权利的，该条款无效。”如果《限时独家委托书》未约定保证金条款，委托的房屋成交与否中介公司均无须承担任何责任，但卖方的权利却受到极大的限制，合同双方权利义务明显不对等，因此在司法实践中违约条款会被认定为无效的格式条款，自然就谈不上违约。

律师建议：合同讲究的是权利与义务对等，不能光有权利而不承担任何风险，中介公司在签订《限时独家委托书》时，应约定保证金条款，同时，应足额向委托人（卖方）支付该保证金。如果委托方（卖方）收取了中介公司支付的保证金，又通过其他中介公司成交的，法院通常会认定卖方违约。

咨询16：口头放盘的法律效力？

律师解答：《中华人民共和国民法通则（2009修正）》第五十六条规定："民事法律行为可以采用书面形式、口头形式或者其他形式。法律规定用特定形式的，应当依照法律规定。"

根据该规定，放盘并非法律规定的特定形式，故而可以采用口头形式进行，因此口头放盘具备相应的民事法律效力，但在实际操作过程中，中介公司很难举证证明口头放盘的事实存在。

律师建议：因口头放盘难以证明中介公司履行了居间义务，因此，中介公司应尽量与卖方采用书面形式放盘。

咨询17：中介公司只收取卖方钥匙，未与卖方签订放盘纸，委托关系是否成立？

律师解答：根据通常的交易习惯和一般做法，卖方将钥匙交与中介公司的主要目的就是委托中介公司出售房屋，虽然未签订书面出售委托协议，但是卖方用实际行动表明了委托中介公司代为出售房屋的意思表示，因此该行为应该视为委托关系成立。

律师建议：虽然收取卖方钥匙的行为可视为委托关系成立，但双方权利义务未能明确，因此，为保障双方的合法权利，中介公司最好在收取钥匙的同时，与卖方签订书面的出售委托协议。

咨询18：非业主签订的放盘纸有法律效力吗？

律师解答：《合同法》第四十八条规定："行为人没有代理权、超越代理权或者代理权终止后以被代理人名义订立的合同，未经被代理人追认，对被代理人不发生效力，由行为人承担责任。"

根据上述规定，非业主签订的放盘委托书，在业主授权的情况下，该委托书对业主和中介公司发生法律效力；而在没有得到业主授权的情况下，该委托书只对行为人（非业主）与中介公司产生法律效力，即房屋无法正常出售造成的法律责任，由行为人（非业主）承担。

律师建议：与产权人签订《房屋买卖合同》并完成过户手续为买方支付定金的最终目的。若中介公司发现委托放盘人非产权人，应第一时间与产权人取得联系，核实放盘人的身份。若放盘人是产权人的亲戚朋友，则应要求业主对放盘行为进行追认；若放盘人与产权人互不认识，则要谨防诈骗，应第一时间通知买方并拒绝过定，同时可以报警处理。

中介公司代收买方诚意金后，在转定前，务必要先到房管部门查册，查册后首先核实产权人的信息与收定人是否为同一人，同时，要审核所交易房产有无被司法查封等权利受限或权利瑕疵的情况。

• • •

第三节　放盘时中介公司应注意的事项

咨询19：卖方放盘时，中介公司是否需要审核卖方的身份信息及产权信息？

律师解答：《房地产经纪人管理办法》第二十二条规定：“房地产经纪机构与委托人签订房屋出售、出租经纪服务合同，应当查看委托出售、出租的房屋及房屋权属证书，委托人的身份证明等有关资料，并应当编制房屋状况说明书。经委托人书面同意后，方可以对外发布相应的房源信息。

房地产经纪机构与委托人签订房屋承购、承租经纪服务合同，应当查看委托人身份证明等有关资料。”

根据该办法规定卖方放盘时中介公司需审核并记录卖方的身份信息、产权信息。

律师建议：中介公司要确保放盘行为的合法性，一旦卖方“飞单”，中介公司可以依据合法的放盘行为追究卖方的责任，同时，也可以防止卖方故意以他人名义放盘后恶意反价，因此，卖方放盘时，中介公司应该审核卖方的身份信息、产权信息。

咨询20：关于钥匙保管及钥匙借用，中介公司应注意哪些问题？

律师解答：《合同法》第三百七十四条规定：“保管期间，因保管人保管不善造成保管物毁损、灭失的，保管人应当承担损害赔偿责任，但保管是无偿的，保管人证明自己没有重大过失的，不承担损害赔偿责任。”

卖方将房屋钥匙交与中介公司的目的是方便中介公司带客户看房以便尽快出售房屋。中介公司因持有房屋钥匙而能实际控制房屋，中介公司与卖方形成保管合同关系，因此，中介公司须承担妥善保管房屋及房屋内财产的法律义务。

律师建议：

中介公司在保管卖方留下的钥匙时，应注意以下问题：

（1）谨防遗失，若遗失应第一时间通知卖方换锁，防止失窃。

（2）经纪人前往房屋勘察应注意爱护屋内财务，离开时应确保关好门窗及水电。

（3）经纪人带客户看房时应防止客户损坏、盗窃屋内财物。

（4）原则上钥匙不借用，如果借用需要取得业主同意并签订钥匙借用条，明确借用时间及归还时间。

第二章　带看阶段

第一节　看楼纸的签订要点

咨询21：中介公司为什么一定要让买方签看楼纸？

律师解答：看楼纸是中介公司为买方提供居间服务、房源信息的书面凭证，是中介公司与买方之间发生居间关系的证明。现实生活中，普遍存在买方看完房屋就绕过中介公司私下找卖方成交的“飞单”情况。因此，为确保能更好地证明买方与中介公司存在居间关系，避免中介公司被客户恶意“飞单”，在具体实践过程中，中介公司应当要求买方签订书面的看楼纸。

咨询22：签订看楼纸时，中介公司应如何填写物业地址？

律师解答：实践过程中，经纪人在填写物业地址时最常犯的错误有两种：第一种，记载的物业地址不详细，通过该地址无法准确判断物业的具体位置；第二种，记载的物业地址与产权证上记载的不一致，这有可能会导致中介公司无法证明有带看过交易房屋。

律师建议：为了避免因错误填写物业地址产生不必要的纠纷，看楼纸上的物业地址务必与产权证上记载的地址一致。当出现看楼纸上的物业地址与房地产权证上的地址不一致时，应第一时间找物业公司或者派出所进行查询，最好让相关部门出具一个“＊＊楼＊号和＊＊楼＊号为同一地址”的说明。

咨询23：买方签订看楼纸时，签名不实或不全的，中介公司应如何处理？

律师解答：《房地产经纪人管理办法》第二十二条规定："房地产经纪机构与委托人签订房屋出售、出租经纪服务合同，应当查看委托出售、出租的房屋及房屋权属证书，委托人的身份证明等有关资料，并应当编制房屋状况说明书。经委托人书面同意后，方可以对外发布相应的房源信息。房地产经纪机构与委托人签订房屋承购、承租经纪服务合同，应当查看委托人身份证明等有关资料。"

律师建议：经纪人在买方签订看楼纸的过程中，有义务对买方的基本信息如姓名、身份证号码进行审核。当经纪人发现买方所签姓名与身份证上的不一致时，应当要求买方说明情况并做出更改；若中介公司发现买方随便签了别人的名字，应当及时联系买方更改。

咨询24：签订看楼纸时，只留有买方的真实姓名，没有记录身份证号码，中介公司能否依据看楼纸追讨居间服务费？

律师解答：《中华人民共和国民事诉讼法（2012修正）》（以下简称《民事诉讼法》）第一百一十九条规定："起诉必须符合下列条件：……（二）有明确的被告……"

根据《民事诉讼法》的规定，立案时法院会要求提供被告的姓名、身份证号码、住址等几项主要的被告身份信息。如果只知道被告的姓名，而没有其他的身份信息，因存在同名同姓的情况非常普遍，无法简单通过姓名准确判断签看楼纸的客户具体是哪一个人，因此，当中介公司需要通过法律程序追讨居间服务费时，只有买方姓名而没有其他身份信息，法院一般是不予立案的。

律师建议：为防止缺乏被告主体信息资料而导致无法起诉追佣，在签看楼纸的时候，中介公司除应要求买方签名外，还应留下买方的身份证号码并与其身份证进行核对，同时尽量向买方索要名片及添加微信以更多地了解客户的信息，这样才能便于日后运用法律手段维权。

咨询25：买方拒绝签订看楼纸，中介公司应如何处理？

律师解答：《民事诉讼法》第六十四条第一款规定："当事人对自己提出的主张，有责任提供证据。"《最高人民法院关于民事诉讼证据若干问题的规定》第二条规定："当事人对自己提出的诉讼请求所依据的事实或者反驳对方诉讼请求所依据的事实有责任提供证据加以证明。"

在二手房带看过程中，拒绝签订看楼纸的买方，发生与卖方私下成交的概率非常之高，买方签订看楼纸可以证明中介公司为买方提供了居间服务，如果买方看房后与卖方私下成交，中介公司又无法提供看楼纸的，则无法证明其为买方提供了居间服务。

律师建议：中介公司在带看过程中，除了签订看楼纸外，还可以采取如拍照、录音、摄像、微信、短信等其他替代方式证明有提供过带看等居间服务。

第二节　带看行为规范

咨询26：中介公司带看时忘记关水龙头，损坏业主的木地板，中介公司需要担责吗？

律师解答：《合同法》第三百六十九条规定："保管人应当妥善保管保管物。当事人可以约定保管场所或者方法。除紧急情况或者为了维护寄存人利益的以外，不得擅自改变保管场所或者方法。”

《中华人民共和国侵权责任法》第六条规定：“行为人因过错侵害他人民事权益，应当承担侵权责任。”

题述情形一般发生在业主将房屋钥匙交由中介公司保管，在不需要通知业主亲自到场的情况下，经纪人可持房屋钥匙单独带客户看房。此时，中介公司与业主之间实际形成了事实上的保管关系。因此，中介公司在钥匙保管期间应当妥善保管房屋，在带看时因疏忽大意，忘记关水龙头导致业主的木地板损坏，未尽到妥善保管的义务，造成业主财物损坏，中介公司应当承担损害赔偿责任。

咨询27：中介公司带看时没关好门，导致房屋失窃，中介公司需要担责吗？

律师解答：《中华人民共和国侵权责任法》第三十七条规定：“因第三人的行为造成他人损害的，由第三人承担侵权责任；管理人或者组织者未尽到安全保障义务的，承担相应的补充责任。”

题述情况，虽然业主的房屋失窃造成财物损失主要是小偷盗窃行为所致，小偷为第一侵权责任人，需要承担刑事责任和相应的民事赔偿责任。但由于中介公司保管房屋钥匙的行为，实际与业主之间形成了房屋保管的法律关系。中介公司作为涉案房屋的管理人，应对房屋尽到安全保障义务，中介公司带看时没有关好门，实为没有对保管的房屋尽到安全保障义务，存在重大过失。因此，当第一侵权人无力承担所有损失赔偿的情况下，由中介公司承担补充赔偿责任。

> **律师建议：**中介公司要加强对员工的教育，规范带看行为，带看时，要求两名员工同行，相互监督相互提醒，避免因过失造成业主损失。

咨询28：中介公司带看时，未经承租人同意，直接用业主留下的钥匙开门进屋，是否违法？

律师解答：《合同法》第二百一十二条规定："租赁合同是出租人将租赁物交付承租人使用、收益，承租人支付租金的合同。"

占有使用租赁的房屋是承租人基本的权利和保障。在正常的承租期间内，承租人享有排他的使用权，换言之，就是未经承租人同意，中介公司即便是征得业主同意也无权直接带客户进入房屋看房。如果经纪人未经承租人同意直接拿业主留下的钥匙开门进屋，涉嫌侵犯承租人对租赁房屋的排他性使用权及隐私权。若因此导致承租人的权益受到损害的，中介公司不仅需要承担相应的民事赔偿责任，情节严重的，根据《中华人民共和国治安管理处罚法（2012修正）》第四十条的规定："有下列行为之一的，处十日以上十五日以下拘留，并处五百元以上一千元以下罚款；情节较轻的，处五日以上十日以下拘留，并处二百元以上五百元以下罚款……（三）非法限制他人人身自由、非法侵入他人住宅或者非法搜查他人身体的"，还可能受到相应的治安处罚。

> **律师建议：**中介公司带看时，要经过承租人的同意才可以进行，可电话咨询承租人是否同意带看，如承租人不同意，可让业主联系承租人协商带看事宜，或是和业主一起于承租人在家的时候进行看房。

● ● ●

第三节　"跳单"的定义与防范

咨询29：什么是"跳单"行为？

律师解答："跳单"行为亦称为"跳中介"，是指买方或卖方已经与中介公司签署了预售确认书、委托求购协议或出卖协议，中介公司已经按照协议履行了提供房源信息并促使买卖双方见面洽谈等促进交易的义务，买卖一方或双方为了规避支付中介公司费的义务，跳过中介公司而私自签订买卖合同的行为。

咨询30：如果买方看完房后通过其他中介公司带看成交属不属于“跳单”？

律师解答：《最高人民法院关于发布第一批指导性案例的通知》（法〔2011〕354号）上海中原物业顾问有限公司诉陶德华居间合同纠纷案，该案则从法律层面明确了“跳单”的含义。该案例确认：居间合同中，“禁止买方利用中介公司提供的房源信息与卖方私下签订房屋买卖合同”的约定具有约束力，即买方不得“跳单”；但是同一房源信息经多个中介公司发布，买方通过上述正当途径获取该房源信息的，有权在多个中介公司中选择报价低、服务好的中介公司促成交易，此行为不属于“跳单”。该指导意见既保护了中介公司的合法权益，维护了市场交易诚信，又能促进房屋买卖中介公司之间公平竞争，使中介公司服务市场健康发展，达到提高服务质量，保护消费者合法权益的目的。

根据上述案例的指导意见，如果中介公司没有取得卖方独家出售的委托，其他中介公司也有此盘源的，由于该房源信息并非唯一，买方看完房后又通过其他中介公司获得该房源信息，买方有自主选择在哪一家中介公司成交的权利。

律师提醒：中介公司在居间过程中，对于可能存在“跳单”的行为，要进行前期基本调查了解，核实是属于其他中介公司正常带看行为还是客户“跳单”行为，不能完全听信于客户的一面之词。

咨询31：如果买方看完房后，通过其他中介公司代办过户手续，是否属于“跳单”？

律师解答：根据《合同法》第四百二十四条对居间合同的定义可知，中介公司提供居间服务的核心内容是向客户提供售房信息并为签订买卖合同提供媒介服务。衡量买方是否为“跳单”违约的关键，是看买方是否利用了该中介公司提供的房源信息、机会与卖方达成了房屋买卖交易。

上述问题实际上是买方在获取了房源信息后撇开了原提供该信息的中介公司，而找其他中介公司代办过户手续。代办手续的中介公司实际上并没有向买方提供房源信息及交易机会，而仅仅是跟进及代为办理了交易手续。代办手续不属于居间的范畴。因此，买方看完房获取了房源信息后，找其他中介公司代办过户手续，并以此为由规避居间服务费的做法是损害中介公司利益的行为，应当认定其为“跳单”行为。

律师建议：此种行为虽在法律上认定为“跳单”行为，但实践中由于难于举证，对此种情形下的“跳单”认定有一定困难。当遇到题述情况时，中介公司可电话、微信联系客户，询问在自己居间下的购买意向，交谈过程中看能否进行取证，如果客户说因我们居间服务费收得太高，代办费太高等而选择其他中介公司进行代办，则可证明客户存在“跳单”行为。

咨询 32：买方看完房后私下与卖方成交，是否属于“跳单”？

律师解答：根据《合同法》第四百二十四条的规定，中介公司的主要义务就是给买卖双方提供买房和卖房信息并促成买卖合同的签订。中介公司带买方看房，实际上已经履行了居间义务。买方看完房后私下找卖方成交的行为，利用了中介公司提供的房源信息，规避支付中介公司费的义务，损害了中介公司的合法权益，属于“跳单”行为。

律师建议：防止此种“跳单”行为，中介公司可在带看前让买方在看楼纸上签字，看楼纸要明确禁止买方的“跳单”行为，如事前没有签字，可在看楼后让买方进行签字确认或是事后电话、微信联系买方询问其购买意向并进行取证。一旦知悉买卖双方私下进行签单，即可向其主张违约责任。

咨询33：买方看完房后，以亲属的名义与卖方成交，是否属于“跳单”？

律师解答：根据《最高人民法院关于发布第一批指导性案例的通知》（法〔2011〕354号）上海中原物业顾问有限公司诉陶德华居间合同纠纷案的裁判精神，判断是否属于“跳单”主要看两点，一是是否有利用中介公司的房源信息；二是目的是否为恶意规避居间服务费。

上述问题实际上是买方通过中介公司带看的行为从中介公司获取了房源信息，并将获取的房源信息提供给亲属，以此规避支付居间服务费的义务，属于典型的“跳单”行为。

律师建议：中介公司应在看楼纸或《定金支付及要约发出承诺书》里明确设置以下条款：“本人同意即使带看楼宇最后由本人的亲属、授权人或未经透露之委托人及代理人购买或租赁，本人仍须支付地产中介公司费及咨询费”，防止客户看完房后，以亲属的名义私下找卖方成交，逃避支付居间服务费的义务。

咨询34：公司买房，员工代为看房，中介公司如何避免公司“跳单”行为？

律师解答：《中华人民共和国民法通则》（以下简称《民法通则》）第六十三条规定：“公民、法人可以通过代理人实施民事法律行为。代理人在代理权限内，以被代理人的名义实施民事法律行为。被代理人对代理人的代理行为，承担民事责任。依照法律规定或者按照双方当事人约定，应当由本人实施的民事法律行为，不得代理。”

根据上述规定，公司买房，员工代为看房属于民事代理行为，即该员工代为看房的行为属于公司授权的公司行为。因此，员工代为看房时，中介公司要确保员工的行为能够代表公司行为，防止公司“跳单”。

律师建议：为规避此种情形下公司“跳单”行为，中介公司首先要核实员工身份，要求其提供身份证和工作证明，确认其是否系该公司员工；其次要求员工提供该公司书面授权委托书，或电话核实员工是否经过公司授权并进行录音；再次要核实授权事项、权限以及授权时间；最后也可让员工签订书面承诺书承诺其具有代理权限，否则要承担相应的法律责任。

咨询 35：针对客户可能存在的“跳单”行为，中介公司要做哪些防范措施？

律师解答：为了防范客户“跳单”，中介公司应该做好以下法律上的防范措施：

（1）看楼纸上物业地址填写要规范，该地址要与房产证上的地址一致。

（2）客户签看楼纸时，要求客户正楷体签全名。

（3）要求留下客户的身份证复印件，或者驾驶证、军官证等其他证明身份的证件复印件。

（4）若无法获得上述证件的复印件，需在看楼纸上填写客户的身份证号码。

（5）对不愿意签看楼纸的客户，在看楼过程中，可以通过录音、录像、拍照等方式记录客户看楼的信息。

（6）在接待客户的过程中，尽量通过加微信、QQ、交换名片等方式了解更多客户的信息。

● ● ● ●

第四节 诚意金、订金、定金

咨询 36：诚意金的性质

律师解答：诚意金，也称意向金，实际上法律上并没有诚意金之说，而且

“诚意金”也不是法律意义上的违约金、定金、订金，但诚意金的提法在房地产中介与买卖双方签订的合同中多有体现。虽然法律并没有对诚意金的性质做出一个明确的定义，但在二手房买卖交易的实务操作中，诚意金在未支付给业主之前，属于预付款性质，若在此过程中买卖双方未能签订买卖合同，则中介公司应将诚意金退还买方；若诚意金已支付给卖方，则诚意金根据合同约定转为定金，适用定金罚则。

律师建议：中介公司向客户出具诚意金收据，该诚意金收据上需要特别标明“当卖方同意以买方提出的条件出售该房产时，中介公司有权将该诚意金转付给卖方，卖方收到该诚意金后即转为定金，具有定金性质。”

咨询 37：订金的性质

律师解答：《最高人民法院关于适用〈中华人民共和国担保法〉若干问题的解释》第一百一十八条规定：“当事人交付留置金、担保金、保证金、订约金、押金或者订金等，但没有约定定金性质的，当事人主张定金权利的，人民法院不予支持。”

根据上述最高人民法院的司法解释，订金不具有定金的性质，不具有担保性质。交付订金的一方主张定金权利的，人民法院不予支持。一般情况下，交付的订金视作交付预付款。交付和收受订金的当事人一方不履行合同债务时，不发生没收或者双倍返还的法律后果，收取订金的一方只能向买方退还已收订金。

律师建议：中介公司应当培训经纪人熟悉诚意金、订金、定金三者间的区别，避免日后书写单据造成混乱。

咨询 38：定金的性质

律师解答：《合同法》第一百一十五条规定：“事人可以依照《中华人民共和国担保法》（以下简称《担保法》）约定一方向对方给付定金作为债权的担

保。债务人履行债务后，定金应当抵作价款或者收回。给付定金的一方不履行约定的债务的，无权要求返还定金；收受定金的一方不履行约定的债务的，应当双倍返还定金。”

根据上述规定，定金是在合同订立或在履行之前支付的一定数额的金钱作为履行债务的担保方式。根据《民法通则》《合同法》《担保法》及民法的有关理论可知，定金具有下列法律特征：

（1）定金具有从属性。定金随着主合同的存在而存在，随着主合同的消灭而消灭。

（2）定金的成立具有实践性。定金是由合同当事人约定的，但只有当事人关于定金的约定，而无定金的实际交付，定金担保并不能成立。只有合同当事人将定金实际交付给对方，定金才能成立。

（3）定金具有预先支付性。只有在合同成立后，未履行前交付，才能起到担保的作用。因此，定金具有预先支付性。

（4）定金具有双重担保性。即同时担保合同双方当事人的债权，也就是说，交付定金的一方不履行债务的，丧失定金；而收受定金的一方不履行债务的，则应双倍返还定金，即现实生活中所谓的定金罚则。

咨询 39：买方向中介公司支付的购房诚意金，所有权归属于谁？

律师解答：《最高人民法院关于适用〈中华人民共和国担保法〉若干问题的解释》第一百一十八条规定：“当事人交付留置金、担保金、保证金、订约金、押金或者订金等，但没有约定定金性质的，当事人主张定金权利的，人民法院不予支持。”

根据上述最高人民法院的司法解释，诚意金并不具备定金性质，买方的购房诚意金在司法实践中多被认定为订约金或订金，中介公司与买方之间形成的是保管关系，当中介公司根据买方的授权将该诚意金转付给卖方形成定金之后，该诚意金转化为定金，归卖方所有。当中介公司无法与卖方就买卖条件达成一致时，该诚意金未能转化为定金，所有权仍归买方所有。

咨询40：买方签订《购房意向书》以及卖方签订《售房承诺书》后是否意味着房屋买卖合同成立？

律师解答：《合同法》第十三条规定："当事人订立合同，采取要约、承诺方式。"第十四条规定："要约是希望和他人订立合同的意思表示，该意思表示应当符合下列规定：（一）内容具体确定；（二）表明经受要约人承诺，要约人即受该意思表示约束。"第二十一条规定："承诺是受要约人同意要约的意思表示。"第二十五条规定："承诺生效时合同成立。"

《购房意向书》的内容主要是买方希望和卖方订立购房合同的意思表示，是买方向卖方发出的购房要约。《售房承诺书》的主要内容是卖方同意买方要约的意思表示，属于卖方的承诺。按照上述法律规定，在卖方承诺生效时，买卖合同即成立，买卖双方应当按照各自承诺的内容履行各自的义务。

> **律师建议：**《购房意向书》与《售房承诺书》的内容必须具体明确，就房屋买卖交易的条件必须完全一致方能产生对买卖双方均具有约束力的法律后果。

咨询41：未签订买卖合同的情况下，中介公司代卖方收取了定金，买卖关系是否成立？

律师解答：中介公司代卖方收取定金的情况通常发生在签《房屋买卖合同》之前，此时的定金性质为立约定金。立约定金，是指在合同订立前交付，在于保证正式订立合同的定金，其作用在于买方担保只要卖方答应自己开出的条件就一定会购买。所以中介公司代卖方收取定金，买卖关系是否成立，最关键的是看中介公司有没有得到卖方的书面授权。

根据《中华人民共和国民法通则（2009修正）》第六十三条的规定："代理人在代理权限内，以被代理人的名义实施民事法律行为。被代理人对代理人的代理行为，承担民事责任"，只要买方下定时所列买卖条件明确，且中介公司得到卖方同意以该条件出售房屋的代收定金书面授权，中介公司代卖方收取了定金就视为卖方本人收取，即对卖方产生法律效力，买卖关系成立。如果没有得到书面授权，但事后卖方亲自收取了中介公司转交的定金或对中介公司代收定金的行为进行了追认，则买卖合同也成立。

律师建议：在实务操作过程中，卖方对中介公司的授权通常为口头授权，虽然法律认可卖方对中介公司代收定金行为可以口头授权，但必须要有相关的证据予以证明，为防止日后卖方反悔中介公司又缺乏相应授权证据，中介公司在取得卖方口头授权时应录音、录像，并及时取得卖方的书面授权或及时将定金转付给卖方。也可通过 QQ、微信、邮件、短信要求卖方提供收款账户，由客户通过直接转账的方式直接将定金支付给卖方。

咨询 42：中介公司代卖方收取了定金之后，买方不买或卖方不卖了，中介公司可以直接向买方退还定金吗？

律师解答：根据《民法通则》第六十三条的规定："公民、法人可以通过代理人实施民事法律行为。代理人在代理权限内，以被代理人的名义实施民事法律行为。被代理人对代理人的代理行为，承担民事责任。"

中介公司只是得到了卖方收取定金的授权，属于代收定金的行为，而中介公司在没有得到卖方退定金的授权情况下，是无权直接向买方退还定金的，否则卖方可能追究中介公司的赔偿责任。

律师建议：如果买方要求中介公司退还定金，则①中介公司应征得卖方的意见，卖方同意并书面授权的，中介公司可直接将该定金返还给买方；②如卖方不同意，中介公司可建议买方向法院起诉，确定该定金的归属。

第三章　谈单阶段

第一节　税费、贷款咨询

咨询 43：中介公司是否有为客户提供税费、贷款咨询的义务？

律师解答：《房地产经纪管理办法》第二十一条规定："房地产经纪机构签订房地产经纪服务合同前，应当向委托人说明房地产经纪服务合同和房屋买卖合同或者房屋租赁合同的相关内容，并书面告知下列事项：……五、房屋交易涉及的税费……"该规定说明，中介公司如实将交易所需要的税费告知买卖双方，是其在居间过程中应尽的义务。

中介公司是否有为客户提供贷款咨询的义务法律法规并无明文规定，因大多数买方会选择以贷款形式支付楼款，贷款问题往往成为买方决定是否购买交易房屋的核心问题，实践中，中介公司为促成买卖合同的签订以及体现自身的专业性，一般会为客户提供贷款咨询。

律师建议：中介公司为客户提供税费、贷款咨询时，因毕竟不是税务部门、银行贷款专业机构，税费政策变化又较快，各个银行贷款政策又有所不同，计算过程中又不排除出现计算错误的情况，所以可向买卖双方口头告知税费、贷款情况，尽量不要书面计算，并明确告知买卖双方其提供的计算结果仅供参考，最终以税务部门、银行计算的结果为准，以规避相关法律风险。

咨询 44：客户要求中介公司计算应缴纳税费时，中介公司应如何答复？

律师解答：《中华人民共和国营业税暂行条例》第十二条规定："营业税纳税义务发生时间为纳税人提供应税劳务、转让无形资产或者销售不动产并收讫营业收入款项或者取得索取营业收入款项凭据的当天。国务院财政、税务主管部门另有规定的，从其规定。营业税扣缴义务发生时间为纳税人营业税纳税义务发生的当天。"根据上述规定，我们可知实际需缴纳的税费金额只有在交税当天才能确定。

《房地产经纪管理办法》第二十一条规定："房地产经纪机构签订房地产经纪服务合同前，应当向委托人说明房地产经纪服务合同和房屋买卖合同或者房屋租赁合同的相关内容，并书面告知下列事项：……五、房屋交易涉及的税费……"该规定说明，中介公司如实将交易所需要的税费告知买卖双方，是其在居间过程中应尽的义务。

税费的缴纳标准往往因涉及交易的房屋现状、买卖双方个体情况的不同而有所不同，例如，是否为家庭唯一住房、房屋产权获得的年限、购房人已有房产的套数等因素都可能影响到税费缴纳标准。然而，客户咨询购房应缴纳的税费的时候，提供的信息往往并不是特别准确和全面，而且政府也常常使用调整税种和税率等措施来调控房价，因此中介公司根据这些不全面的信息计算出来的税费往往与征税机关在征税当天计算出来的实际缴纳数额不一致。

一旦应缴纳的税费超过客户的预期或超过当时中介公司计算的标准，客户往往就认为是中介公司误导，甚至是诱骗他们签订了房屋买卖合同，要求解除合同或者要求中介公司支付超过当初计算标准的税费，从而导致中介公司无端卷入诉讼。

律师建议：

（1）中介公司经纪人不仅应对现行的税费政策熟悉，而且还应时刻关注税费政策变化信息。

（2）中介公司还应定期对员工进行培训，确保其员工熟悉掌握税费政策信息。

(3) 尽量采取口头回答的方式解答客户的咨询。如需出具书面的答复，应在书面答复上载明如下内容：①本答复基于客户自身陈述属实的基础之上作出，中介公司方不对客户的自身陈述负责；②中介公司方所作答复仅供参考，最终以税务部门的意见为准，如对税费问题有任何疑问，应向相关税务部门进行核实。

咨询 45：面对客户咨询贷款事宜，中介公司应如何处理？

律师解答：付款条款，是房屋买卖合同中最核心的条款之一，近 70% 的客户会选择以贷款形式支付房款，因此，在房地产交易过程中，贷款问题成为客户向中介公司咨询频率最高的问题之一，而贷款问题发生法律纠纷的概率也是非常高的，例如，客户要求公积金贷款而最后因不符合条件审批不了，客户要求贷七成，银行却只批准五成等，那么，面对客户咨询的银行贷款事宜，中介公司应如何应对呢？

律师建议：

(1) 中介公司经纪人一定要熟悉当下的贷款政策，可以定期聘请银行或按揭公司等专业人员给员工进行培训，使员工及时更新贷款政策信息，尤其是针对特殊情况，如楼龄超过多少年不能商业贷款、贷款人超过多少岁不能贷款、什么情况不能用公积金贷款等，均需清楚明确。

(2) 对于某些特殊情况，经纪人难以确定贷款政策的，中介公司经纪人应先向银行或按揭公司了解清楚，才给予客户答复。

(3) 经纪人应提醒客户，其提供的意见仅供参考，不能作为办理银行贷款的依据，最终能否贷款以及贷款额度是多少以银行审批结果为准。

咨询 46：中介公司在客户咨询时明确告知买方可贷款七成，但最终银行只批五成，导致房屋交易不成，中介公司应承担责任吗？

律师解答：题述情况的发生，如果是因为中介公司自身对房贷政策不熟，或疏于了解买卖双方的足以影响贷款的情况，由此作出的结论，若买方是基于中介公司的意见才签署房屋买卖合同的，那么，对于最终贷款比例不符而交易不成的，中介公司存在明显的过错，中介公司对此应承担相应的赔偿责任；而如果贷款审批比例低于贷款申请比例是由于签订房屋买卖合同后银行贷款政策变化或是买方自身原因导致的，则中介公司没有过错，无须承担赔偿责任。

律师建议：由于具体的贷款比例或额度受很多方面的因素的影响，如买方信用问题、银行流水问题、是否为首套房问题等，因此中介公司在提供贷款咨询过程中，不要轻易向买方承诺银行的贷款种类（如公积金、首套贷等）、贷款比例、贷款期限、贷款利率。另，对于买方能否贷款以及贷款的比例，应建议买方亲自向银行咨询相关贷款事宜。

第二节 中介公司如何履行合理审查及如实告知义务

咨询47：中介公司应审查哪些基本交易信息？

律师解答：《房地产经纪管理办法》第二十二条规定："房地产经纪机构与委托人签订房屋出售、出租经纪服务合同，应当查看委托出售、出租的房屋及房屋权属证书，委托人的身份证明等有关资料，并应当编制房屋状况说明书。经委托人书面同意后，方可以对外发布相应的房源信息。房地产经纪机构与委托人签订房屋承购、承租经纪服务合同，应当查看委托人身份证明等有关资料。"

从以上规定可以看出，中介公司在房屋交易中应主要审查两方面的基本信息：交易双方的主体信息和房屋权属信息。

律师建议：

中介公司在居间房屋买卖交易时应重点审查以下信息：

（1）交易双方的主体信息：卖方是否为房屋权属证书上记载的产权人；是否所有产权人都有签署房屋买卖合同；非产权人出售的，核实是否有公证委托书以及委托书的代理权限。

（2）交易房屋的权属信息：交易房屋有无存在抵押、查封、租赁等情况。

（3）房屋状况：房屋结构、楼龄、是否已交纳土地出让金等。

咨询48：中介公司在签约前，是否应就交易物业有无被查封进行查册确认？

律师解答：《中华人民共和国房地产管理法》第三十八条规定："下列房地产，不得转让……（二）司法机关和行政机关依法裁定、决定查封或者以其他形式限制房地产权利的……"

《合同法》第四百二十五条规定："居间人应当就有关订立合同的事项向委托人如实报告。居间人故意隐瞒与订立合同有关的重要事实或者提供虚假情况，损害委托人利益的，不得要求支付报酬并应当承担损害赔偿责任。"

根据上述规定，被司法查封的房屋是不得转让的，而中介公司作为专业的房地产代理机构，在提供居间业务时，有义务了解居间房产的相关信息（包括房屋是否被查封），并如实告知买方。若在合同签订前交易房屋已存在司法查封的情况而中介公司未进行了解或知道但未告知买方，一旦因房屋被查封无法继续交易，中介公司不仅可能无法收取中介服务费，甚至造成买方损失的，中介公司还应承担赔偿责任。

律师建议：签订房屋买卖合同之前，中介公司可自行到房管局查册，也可要求业主提供能反映房屋现时产权情况的查册表。有些地方要求必须业主本人才能到房管部门查册的，中介公司应在编制合同时，在合同中明确告知业主和买方应在签订房屋买卖合同之前先行查册。

咨询 49：遇周末无法查册确认产权情况，中介公司应如何应对？

律师解答：根据《房地产经纪管理办法》第二十二条的规定，中介公司在居间过程中要核实房屋产权人信息及房屋权属信息，尽到合理审查的义务。所以，在签订买卖合同前一般需要到当地房管部门进行查册。即使遇到周末无法查册，中介公司仍要尽合理的审查和注意义务以规避自己的风险。

律师建议：

中介公司碰到题述情况时，应注意以下事项：

（1）要求卖方提供房产证的原件或复印件进行审核，并要求买方审核后签名确认。

（2）签署合同时可约定，待查册核实交易房屋无查封等情况后再支付定金，或定金暂由中介公司保管，待查册落实后，再将定金交予卖方。

（3）也可在合同中约定“卖方保证交易房屋不涉及司法查封、抵押等影响房屋所有权的情况，即使房屋存在查封、抵押等影响房屋所有权的状况，买卖双方同意交易，卖方保证在某年某月某日前完成解除查封或解除抵押事宜。”

咨询 50：因地方政策原因，中介公司无权查册，中介公司如何处理才能规避法律风险？

律师解答：根据《房地产经纪管理办法》第二十二条的规定，中介公司在居间过程中要核实房屋产权人信息及房屋权属信息，尽到合理审查的义务，同时，卖方也要保证交易的房屋符合交易的条件。但由于地方政策的不同，有的地方中介公司是无法进行查册的，只有业主本人（或有业主公证委托书的委托人）才能到房管部门进行查册。因此，在这种情况下中介公司应督促卖方及时查册及告知买方可能存在的风险。

律师建议：

中介公司在此类情况下，可采取以下措施防止交易风险和自身过错风险：

（1）在编制合同时，在合同中明确告知卖方和买方应在签订房屋买卖合同之前先行查册确认房屋权利状态。

（2）要求卖方在签署房屋买卖合同之前提供近期的查册表或陪同卖方一起到房管部门进行查册。

咨询51：什么是“被司法查封的房产”？

律师解答：被司法查封的房产，是指人民法院、检察院、公安局等司法机关依法通知房产交易中心对房屋权属变更进行限制行为，房屋被依法查封后，不能再办理抵押、赠与、出售等涉及权属变更的行为，一般而言，房屋被查封并不影响该房屋的居住，但涉及刑事案件的除外。

咨询52：房产查封的最长期限是多少？

律师解答：2015年2月4日开始施行的《最高人民法院关于适用中华人民共和国民事诉讼法的解释》第四百八十七条规定“人民法院查封不动产、冻结其他财产权的期限不得超过三年”，因此，在诉讼阶段，每次房产查封的期限最长为三年，查封到期一个月前可申请续封。

咨询53：被法院查封的房产，中介公司可以提供居间服务吗？

律师解答：就被法院查封的房产签订的房屋买卖合同因为主体适格、标的合法，因此，所签的房屋买卖合同是有效的。但房产被法院查封后，该房产即受到了权属变更的限制，只有在业主解封或查封期限到期无续封的情况下，房屋才可继续交易过户。

中介公司作为专业的房地产居间服务机构，需尽到基本审查与如实告知的义务，尽最大努力确保合同能顺利履行，目前法律也没有明文禁止中介公司居间此类房产。但因房产存在被查封会影响到合同能否顺利履行，所以中介公司在提供居间服务时，若知道房屋已被查封的，应将查封情况及相应风险告诉买卖双方，特别是买方。若买卖双方明知房产被查封仍愿意签订合同，则中介公司在居间过程中无过错，即使合同未能得到顺利履行，中介公司也无须承担责任。

律师建议：

虽然被法院查封的房产，中介公司可以提供居间服务，但需注意履行如实告知义务：

（1）明确提示买方交易的房产已经被司法查封的情况，并告知买方可能存在的交易风险。

（2）需要在合同中明确约定，卖方必须在交易过户前解除法院的查封，否则，视为卖方违约。

（3）对于由买方垫资帮卖方解除法院查封的，应约定买方直接将垫资款汇入法院的账户用于解除查封，不要直接进卖方账户。

咨询54：交易房屋在签合同前已被法院查封，买方以中介公司未查册、未告知为由，要求中介公司承担法律责任，中介公司需要担责吗？

律师解答：《合同法》第四百二十五条规定：“居间人应当就有关订立合同的事项向委托人如实报告。居间人故意隐瞒与订立合同有关的重要事实或者提供虚假情况，损害委托人利益的，不得要求支付报酬并应当承担损害赔偿责任。”因此，中介公司在居间时有如实告知的义务，确保其所居间的房屋符合上市交易的条件。同时，中介公司还应尽审慎审核的义务，如中介公司签订房屋买卖合同之前有能力、有义务去查册以核实交易房产的状况。如中介公司未尽如实告知、审慎审核义务而造成买方或业主损失的，中介公司可能还需要承担部分法律责任。

律师建议： 如当地房管部门允许中介公司可以查册，则中介公司应在签订房屋买卖合同之前到房管部门就交易的房产做一定的调查了解；如当地房管部门不允许中介公司进行查册，那么，中介公司应在签订房屋买卖合同之前告知买卖双方如下内容：“买卖双方应在签订房屋买卖合同之前先去房管部门进行查册确认，否则，造成的一切后果由买卖双方自行承担。”

咨询 55：房屋通常会因为什么情况被司法机关查封？

律师解答： 房屋通常在以下几种情况下会被法院查封：

1. 业主与第三方存在房屋产权纠纷，第三方向法院申请查封房产；
2. 业主与债权人存在民间债务纠纷，债权人向法院申请查封房产；
3. 业主拿房产进行抵押贷款，贷款到期，抵押权人向法院申请查封房产；
4. 业主夫妻离婚分割财产，配偶为防止房屋在离婚期间被转移，向法院申请查封房产；
5. 业主为其他债务人提供担保，债务到期未偿还，债权人向法院申请查封房产；
6. 业主涉及刑事犯罪，被公安机关查封房产；
7. 业主被行政处罚未履行，行政机关向法院申请查封房产；
8. 业主因其他民事经济纠纷被查封；

……

咨询 56：签订完房屋买卖合同后房屋被法院查封的，中介公司应如何处理？

律师解答： 在房屋交易过程中，交易的房屋被法院查封，如果卖方未能在合同约定的过户交易前解除该查封，则卖方面临着违约的风险。由于签署房屋买卖合同时，房屋并未被查封，其权利也并未受限，因此中介公司对于房屋被查封并不需要承担法律责任。但中介公司为避免纠纷，可协助买卖双方解决该事宜。

> **律师建议**：此种情况下，虽然中介公司在签完买卖合同时不可能知晓房屋事后会被查封，无须承担法律责任，但为了能保证交易的顺利进行，在交易的房屋被查封后，中介公司应该在第一时间告知买方，并应及时向卖方发函，限定卖方在合理的期限内解除查封。

咨询57：买卖双方在房管部门办理了递件交易手续但未出新证，交易的房屋还能被查封吗？

律师解答：《最高人民法院关于人民法院民事执行中查封、扣押、冻结财产的规定》（法释〔2004〕15号）第十七条规定："被执行人将其所有的需要办理过户登记的财产出卖给第三人，第三人已经支付部分或者全部价款并实际占有该财产，但尚未办理产权过户登记手续的，人民法院可以查封、扣押、冻结；第三人已经支付全部价款并实际占有，但未办理过户登记手续的，如果第三人对此没有过错，人民法院不得查封、扣押、冻结。"

过户是指原所有权人将房屋的所有权转移到新所有权人名下。而买卖双方办理递件交易手续（将过户材料递交到房管局）后，过户手续并未最终完成，房屋的产权仍未过户到新的买方名下，因此，即便买卖双方在房管部门办理了递件交易手续，第三人仍可查封尚还登记在原业主名下的房产。

咨询58：什么是抵押登记？

律师解答：房地产抵押登记是抵押双方当事人为使抵押成立而在房地产登记机构依照法定程序进行登记的法定行为。我国现行的法律规定抵押登记是法定要式行为，抵押权是一种在抵押物上所设定的他项权利，履行抵押登记手续是抵押法律关系成立的必要条件。我国《担保法》规定，当事人以土地使用权、城市房地产或者乡（镇）、村企业的厂房等建筑物、林木、航空器、船舶、车辆以及企业的设备和其他动产抵押的，应当办理抵押物登记，抵押合同自登记之日起生效。当事人未办理抵押物登记的，不得对抗第三人。

咨询59：存在抵押的房产是否可以出售？

律师解答：根据《最高人民法院关于审理商品房买卖合同纠纷的司法解释》第九条规定："出卖人订立商品房买卖合同时，具有下列情形之一，导致合同无效或者被撤销、解除的，买受人可以请求返还已付购房款及利息、赔偿损失，并可以请求出卖人承担不超过已付购房款一倍的赔偿责任：（一）故意隐瞒没有取得商品房预售许可证明的事实或者提供虚假商品房预售许可证明；（二）故意隐瞒所售房屋已经抵押的事实；（三）故意隐瞒所售房屋已经出卖给第三人或者为拆迁补偿安置房屋的事实。"

根据该解释可知，如卖方在签订房屋买卖合同时存在隐瞒所售房屋已经抵押的事实，买方有权请求法院认定合同无效或者请求撤销、解除合同；若在签订合同时，卖方并未隐瞒房屋被抵押的事实，买方在知悉交易房屋已被抵押仍愿意继续交易的，则买方无权以房屋存在抵押为依据要求认定合同无效或要求撤销、解除合同。

律师建议：由于已抵押的房产需先取得抵押权人同意的情况下才可以办理递件过户手续，若中介公司恶意隐瞒所居间房屋存在抵押的事实导致合同无法顺利履行致使买方损失的，中介公司可能承担相应的赔偿责任。因此，为避免此种法律风险，中介公司在居间存在抵押权的房屋时，必须明确告知买方交易的房屋存在抵押权，还需协助买卖双方对如下内容作出明确约定：①明确约定卖方向抵押权人申请提前还款的时间；②明确约定涂销抵押的该款项的支付方以及支付时间；③明确约定涂销抵押后办理递件过户手续的时间、涂销抵押所需费用以及赎契的费用的承担方。

咨询60：中介公司在签约前，是否应该向买方告知限购政策？

律师解答：《合同法》第四百二十五条规定："居间人应当就有关订立合同的事项向委托人如实报告。居间人故意隐瞒与订立合同有关的重要事实或者提供虚假情况，损害委托人利益的，不得要求支付报酬并应当承担损害赔偿责任。”

限购政策是国家对房地产市场实行行政干预的一种行政措施，是关系买方是否具备购房资格的重要信息之一，因此，即使限购政策是面向公众的，但各行政区域的限购政策也不尽相同，不同时期，政策对限购政策也经常会进行相应调整，中介公司作为专业的房地产居间方，在提供居间服务时，应向买方告知当地当前的限购政策。

律师建议：

（1）中介公司在编制房屋买卖合同时，应在买卖合同上作出特别提醒，如“中介公司已就当前房屋限购政策详尽告知买方，买方对此予以确认”。

（2）单独就限购、限贷政策等签署风险提示告知书。

（3）如果采用口头告知形式，应做好录音录像等证据收集措施。

咨询61：谈单时如何防止经纪人做出无法兑现的承诺？

律师解答：承诺，实际上就是一种保证。在谈单时，对于一些未知事项，比如，客户是否能贷款，能贷多少金额，交易流程什么时候可以走完等，中介公司是无法准确预知更无法控制的，但经纪人有时为了促成交易，经常大意地凭经验判断，从而向客户作出一些不实的承诺。

《合同法》第四百二十五条规定：“居间人应当就有关订立合同的事项向委托人如实报告。居间人故意隐瞒与订立合同有关的重要事实或者提供虚假情况，损害委托人利益的，不得要求支付报酬并应当承担损害赔偿责任。”根据该条款规定，中介公司向客户提供虚假信息，造成客户损失的，不得要求支付报酬，甚至有可能须承担损害赔偿责任。

律师建议：为了防止中介公司经纪人对客户作出虚假承诺，中介公司应对经纪人进行严格管理，规范谈单用语，提高业务水平，对于不确定的事项，必须明确告知客户其意见是凭经验判断的，仅供参考，最终以相关单位或部门的意见为准，或者中介公司可以向相关单位或部门了解相关情况后，再给客户予以答复。

咨询 62：就学位房的学位问题，中介公司在谈单时应注意哪些问题？

律师解答：学位房，又叫学区房，是中国房地产市场的特有衍生品，同样也是现行教育体制下一个独特的现象。随着社会竞争的日益激烈，家长为使孩子不输在教育的起跑线上，不惜花费重金购置一切属于教育质量好的小学学区的房产。购学位房的家长们普遍认为，好的学位房所对应的好的学校，将有利于家长管理孩子的生活和学习，孩子也可以提高学习的效率。因此，在二手房交易市场上，学位房比同片区、同路段的非学位房出售价格高出 20% 以上，属于客户指定的特定房源。

律师建议：

中介公司在居间此类房屋时，应特别注意：

（1）如果买方有明确的学位要求，应明确告知卖方买方这方面的特殊要求。

（2）应与卖方确认该房子所属地段可入读的学校，以及该房子户口及学位是否有被占用，如果卖方的户口仍在交易物业上的，应与卖方确认何时能迁出户口，如果学位仍被占用的，还应了解其小孩何时毕业。

（3）对相关情况都了解清楚后，中介公司应如实将所了解到的情况明确告知买方。买卖双方签订合同时，还应将双方对于学位问题所达成的合意以书面形式确定下来。

咨询 63：发生争议时，客户在谈单过程中的录音录像，能否作为证据使用？

律师解答：《民事诉讼法》第六十三条规定：“证据包括：（一）当事人的陈述；（二）书证；（三）物证；（四）视听资料；（五）电子数据；（六）证人证言；（七）鉴定意见；（八）勘验笔录。”第七十一条规定：“人民法院对视听资料，应当辨别真伪，并结合本案的其他证据，审查确定能否作为认定事实的根据。”

根据上述法律规定，录音录像在诉讼过程中可以作为证据使用。但人民法院一般不会单独依据录音录像认定事实，而是与其他关联证据共同认定事实，因此，录音录像多数情况下只作为辅助证据使用。

律师建议：

（1）录音时要明确对方的身份。

（2）录音时表达的内容要清晰、明确。

（3）中介公司在与客户的商谈过程中，尤其是已经发生争议或可能争议时，要防止客户进行诱导性的问话并被客户录音。

第四章　签约阶段

第一节　签约主体资格的审查

咨询 64：签约时中介公司需如何核对买卖双方的身份信息？

律师解答：《合同法》第九条规定：“当事人订立合同，应当具有相应的民事权利能力和民事行为能力。”第十二条规定：“合同的内容由当事人约定，一般包括以下条款：（一）当事人的名称或者姓名和住所……”《房地产经纪管理办法》第二十二条规定：“房地产经纪机构与委托人签订房屋承购、承租经纪服务合同，应当查看委托人身份证明等有关资料。”

根据上述法律规定可知合同主体适格是合同生效的必备条件之一。在居间过程中，认真审核买卖双方的基本身份信息是中介公司应尽的基本审查义务。因此，中介公司应从如下两方面核对买卖双方的信息：一方面，核对签订合同的主体是否年满 18 周岁并无精神疾病或其他无民事行为能力或限制行为能力的情况，是否具备民事行为能力；另一方面，保证交易主体适格，尤其是需要审核卖方是否为房产证明上载明的权利人，如果卖方或买方并非交易的直接当事人，中介公司应要求提交授权委托文件以保证合同的合法性。

律师建议：

（1）中介公司在审核买卖双方的身份信息时，应核对身份证信息与产权证上登记的信息是否完全一致。

（2）要特别注意其身份证上的照片是否与本人相符。

（3）当事人没有携带身份证的，可以核对其驾驶证、护照、港澳通知证、回乡证、侨胞证、军官证等其他可以证明其身份信息的证件。

咨询65：签约时复印买卖双方身份证件的法律意义？

律师解答：《民事诉讼法》第一百一十九条规定："起诉必须符合下列条件：（一）原告是与本案有直接利害关系的公民、法人和其他组织；（二）有明确的被告；（三）有具体的诉讼请求和事实、理由；（四）属于人民法院受理民事诉讼的范围和受诉人民法院管辖。"

该规定中"有明确的被告"指的是必须有被告明确的身份信息，法院才会对案件立案受理。在司法实践中，普遍存在无法提供被告的身份资料或身份信息，或因为同名同姓的情况导致被告主体身份无法确定而无法提起诉讼的情况。公民身份证上都记载着个人身份证号码，该号码唯一且一一对应，有了身份证号码就能解决以上所述问题。因此，签约时，中介公司必须复印买卖双方身份证件，一旦合同履行过程中发生纠纷需诉诸法院的，当事人可提供明确的被告信息，便于法律程序的进行。

律师建议：中介公司在签约时，应复印买卖双方的身份证件。即使没能复印，最起码也要将买卖双方的身份证号码记载在合同上。如果没有条件即时复印的，可以以拍照的方式留存买卖双方身份资料，事后，也可以通过传真、扫描、微信等方式要求买卖双方及时提供身份资料。

咨询66：未成年人可以独立签订房屋买卖合同吗？

律师解答：《民法通则》第十一条规定："十八周岁以上的公民是成年人，

具有完全民事行为能力，可以独立进行民事活动，是完全民事行为能力人。十六周岁以上不满十八周岁的公民，以自己的劳动收入为主要生活来源的，视为完全民事行为能力人。”第十二条规定：“十周岁以上的未成年人是限制民事行为能力人，可以进行与他的年龄、智力相适应的民事活动；其他民事活动由他的法定代理人代理，或者征得他的法定代理人的同意。不满十周岁的未成年人是无民事行为能力人，由他的法定代理人代理民事活动。”第五十八条规定：“下列民事行为无效：（一）无民事行为能力人实施的；（二）限制民事行为能力人依法不能独立实施的……”《合同法》第四十七条规定：“限制民事行为能力人订立的合同，经法定代理人追认后，该合同有效。”

房屋买卖是家庭重大资产处置，其中涉及烦琐、复杂的交易程序，明显超出一个未成年人的能力范围。因此，未成年人不可以单独签订房屋买卖合同，如果仅由未成年人签订房屋买卖合同，而其监护人未签名确认的，该合同将被认定为无效合同。

律师建议：房屋买卖合同中涉及未成年人的，一定要要求其父母或能提供该未成年人监护人证明的监护人共同到场，代为签订房屋买卖合同。同时，如果是出售未成年人名下房产的，还应注意监护人出售未成年人名下的房屋时不应损害未成年人的利益。

咨询 67：签订买卖合同时，业主未亲自到场，委托亲属或朋友代签，中介公司要怎样防范风险？

律师解答：《合同法》第九条规定：“当事人订立合同，应当具有相应的民事权利能力和民事行为能力。当事人依法可以委托代理人订立合同。”

《民法通则》第六十三条规定：“公民、法人可以通过代理人实施民事法律行为。代理人在代理权限内，以被代理人的名义实施民事法律行为。被代理人对代理人的代理行为，承担民事责任。”

根据上述规定，业主因故不能来签订合同，可以委托代理人（委托亲属或朋友都可以）在代理权限范围内代为签订房屋买卖合同。

律师建议：

中介公司在居间过程中若遇上业主本人未亲自到场签订合同的情况，必须采取如下措施防范风险：

（1）要求代理人出具业主的授权委托书，最好是公证委托书，没有公证委托书的，必须是业主本人亲笔签名的授权委托书，同时还需打电话给业主或与业主视频确定业主委托代理人签订合同的事实并录音。

（2）要严格审查授权委托书的委托权限，如有无签署合同、收取定金（楼款）的权限。

（3）如果代理人没有业主本人亲笔签名的授权委托书，一定要代理人出具承诺书，承诺其有业主的委托，并保证如因没有委托权限造成的一切法律责任由其本人承担，且也需要打电话给业主或与业主视频取证。

（4）要求代理人出具业主的身份证复印件及代理人自己的身份证复印件。

咨询68：买方亲属代买方签订买卖合同，买方事后却不追认，合同是否具有法律效力？

律师解答：《民法通则》第六十三条规定："公民、法人可以通过代理人实施民事法律行为。代理人在代理权限内，以被代理人的名义实施民事法律行为。被代理人对代理人的代理行为，承担民事责任。"第六十六条规定："没有代理权、超越代理权或者代理权终止后的行为，只有经过被代理人的追认，被代理人才承担民事责任。未经追认的行为，由行为人承担民事责任……"

根据上述规定，若买方追认的，其亲属有代理权，买卖合同有效，买方应按买卖合同的约定承担法律责任。若买方不追认，其亲属没有代理权，根据上述第六十六条的规定，由其亲属承担相应的民事责任。

律师建议：代理人代签合同的，首先需要看书面授权委托书以及委托书确认的代理人的代理权限；其次需要通过视频或是电话向委托人核实委托的事实是否存在。

咨询69：中介公司在居间共同共有房产时如何处理才能规避风险？

律师解答：《中华人民共和国物权法》（以下简称《物权法》）第九十五条规定：“共同共有人对共有的不动产或者动产共同享有所有权。”共同共有的产生基于一定的共同关系，这种共同关系，或是由法律直接规定，如夫妻关系、家庭关系、合伙关系，或是由当事人约定。

《物权法》第九十七条规定：“处分共有的不动产或者动产以及对共有的不动产或者动产作重大修缮的，应当经全体共同共有人同意，但共有人之间另有约定的除外。”第九十九条规定：“共有人约定不得分割共有的不动产或者动产，以维持共有关系的，应当按照约定，但共有人有重大理由需要分割的，可以请求分割；没有约定或者约定不明确的，共同共有人在共有的基础丧失或者有重大理由需要分割时可以请求分割。因分割对其他共有人造成损害的，应当给予赔偿。”

根据上述规定可知，房屋的共同共有是指两个或者两个以上的公民或法人对同一房屋平等的、不分份额的享有权利和承担义务。处分共同共有房产的，如转让、赠与、设定抵押等，如果共有人之间没有特殊约定，需要经过全体共同共有人的同意。因此，共同共有房屋的出售必须所有共有人一致同意才能出售，否则，无法完成过户交易手续。

律师建议：

中介公司在居间共同共有房屋时要经全体共有人的同意，签署合同时，应做到：

（1）要求全体共同共有人共同签名。

（2）不能同时到场的，要通过电话、视频、语音、微信聊天、QQ聊天、传真、邮件等进行确认并保留相关证据。

（3）让已在房屋买卖合同上签名的共有人出具书面承诺，承诺已取得其他共有人同意，若因其他共有人不同意而导致交易不成，由已在房屋买卖合同上签名的共有人承担全部法律责任。

咨询 70：中介公司在居间按份共有房产时应注意哪些问题？

律师解答：《物权法》第九十四条规定“按份共有人对共有的不动产或者动产按照其份额享有所有权。”第九十七条规定“处分共有的不动产或者动产以及对共有的不动产或者动产作重大修缮的，应当经占份额三分之二以上的按份共有人同意，但共有人之间另有约定的除外。”第九十九条规定“共有人约定不得分割共有的不动产或者动产，以维持共有关系的，应当按照约定，但共有人有重大理由需要分割的，可以请求分割；没有约定或者约定不明确的，按份共有人可以随时请求分割，因分割对其他共有人造成损害的，应当给予赔偿。”

根据上述规定可知，按份共有是指各个共有人对共有房屋按照各自的份额享有所有权，这种份额并不是指把共有房屋分为若干份，各共有人各自享有所有权，而是共有人对共有的房屋整体按各自的份额享有权利和承担义务。

因此，对按份共有房屋的处分如果共有人之间没有特殊约定，应当经占份额三分之二以上的按份共有人同意。未得到占份额三分之二以上按份共有人同意的，除非其他共有人进行追认，否则签订的房屋买卖合同效力待定。

律师建议：中介公司居间按份共有房屋，为了保障合同的顺利履行及买方的权益，应要求全体共有人共同签署房屋买卖合同，如部分共有人无法到场，也必须要求至少占份额三分之二以上的按份共有人签署房屋买卖合同，或提供其他按份共有人同意出售的书面文件。

第二节　委托手续的审查

咨询 71：手写的委托书是否具有法律效力？

律师解答：《合同法》第十条规定：“当事人订立合同，有书面形式、口头形式和其他形式。”第三百九十六条规定：“委托合同是委托人和受托人约定，由受托人处理委托人事务的合同。”

由此可见，法律并未明确规定委托合同或委托书必须采用何种形式。委托合同或委托书采用口头、书面等形式订立均可。书面形式订立的委托合同或委托书，既可以手写，也可以打印。只要委托书是委托人的真实意思表示，其委托内容没有违反法律法规的强制性规定，均具有法律效力。

因此，在签订房屋买卖合同时，即使受托人出示的是手写的委托书，只要该委托书是委托人的真实意思表示，就具有法律效力。另外，虽然委托合同或委托书可采用口头形式，但从证明效力的角度考虑，以口头形式订立委托合同或委托书的，因没有固定的形式，在民事诉讼中，难以举证证明其存在的事实。

律师建议：若委托人是口头授权的，应采取录音、录像等形式固定该委托的意思表示；若委托人是书面委托的，应核实该书面委托是否为委托人亲笔签名及是否是其真实的意思表示，以确保该委托的合法性。

咨询72：公证委托书具有什么法律效力？

律师解答：委托书公证是指国家公证机关根据当事人的申请，依法证明委托人授权他人以自己的名义实施某种法律行为的意思表示的真实性、合法性的活动。公证不是授权书生效的必要条件，只要授权委托书真实有效，不需要公证也具有法律效力，除非法律明确规定的除外。虽然公证不是必经程序，但是经过公证的授权委托书在法律上具有更强的证明力与证据效力。另外，在实务中，银行、房地产交易中心以及相关政府职能部门为了确保授权委托书的真实性，在办理相关手续时，均要求提供经过公证的授权委托书，因此，对授权委托书进行公证有利于相关手续的顺利办理。同时，如果发生诉讼，除非有相反证据足以推翻公证证明，经过公证的法律行为或文书可以直接采证作为证据使用；而未经过公证的授权委托书及文书，不能直接作为认定事实的证据。

律师建议：买卖房屋过程中，若买卖双方任意一方确实无法现场办理相关交易手续而需要委托他人代为办理的，应当到当地公证（建议到房屋所在地）部门办理“全权委托”公证，并对委托的原因、委托事项、被委托人的情况、委托的期限以及是否有转委托权等方面进行明确约定。

咨询73：二手房交易中“全权委托”应包括哪些委托事项？

律师解答：二手房交易中，常常会出现如下情形：因业主出差在外或因为其他原因未在房屋所在地，业主不能亲自办理房屋买卖的相关手续。这种情况下，业主往往会委托其亲戚朋友，甚至中介公司代为全权处理卖房事宜。当然，也有买方受限购政策影响或“炒房”等其他原因不愿意落户到自己名下，要求卖方做“全权委托”公证给自己的情况。那么，“全权委托”应该包含一次正常交易需要的全部流程及环节。因此，“全权委托”应包含以下事项：签署买卖合同及相关文件资料、收取定金及售房款、提前申请偿还银行贷款、涂销抵押登记、领取房产证、办理网签、配合办理银行按揭贷款手续、向房地产交易中心申请产权过户手续、缴纳房产交易过程中产生的税费、交楼，办理维修基金、煤气、水电、有线电视、网络、电话、供暖供气等过户等手续。

律师建议：因各地公证机关对“全权委托”事项有不同的要求，导致公证委托书中所载的委托事项会有出入，因此中介公司在审核卖方提供的公证“全权委托”时，一定要特别注意受托人有无签署买卖合同、收取楼款、办理递件交易等权限。

咨询74：公证委托是否必然具有全权代理的法律效力？

律师解答：《民法通则》第六十四条规定：“委托代理人按照被代理人的委托行使代理权……”第六十六条规定：“没有代理权、超越代理权或者代理权终止后的行为，只有经过被代理人的追认，被代理人才承担民事责任。未经追认的行为，由行为人承担民事责任。”

公证委托虽然是经过公证机构公证的委托书，具有较强的法律效力和证明力，但其不必然具有全权代理的法律效力。代理人的权限应根据公证委托书所载明的委托权限而定。

律师建议：对于业主或买方出具的公证委托书，中介公司应认真对公证书的授权事项进行审核，尤其是对能否签订买卖合同、能否代为收取购房款、能否交楼等根本权利性的事项进行严格审查。否则，超越权限的代理，同样可能出现风险，并且该风险往往是重大风险，中介公司往往也会因此面临重大过失被追责。

第三节　物业基本信息的审查

咨询 75：什么是“凶宅”？

律师解答：法律上对于“凶宅”并无定义，一般以民法“物之瑕疵”的理念来评价。司法实践中，所谓“凶宅”通常指的是“曾发生凶杀、自杀或其他非正常死亡事件”的房屋，其中“非正常死亡事件”包括火灾、溺水等自然灾难，或工伤、医疗事故、交通事故、受伤害等人为事故致死的事件。值得注意的是，司法实践中对发生病死、自然死亡的房屋通常并不认为其属于“凶宅”。

咨询 76：中介公司能否为“凶宅”提供居间服务？

律师解答：《合同法》第六条规定：“当事人行使权利、履行义务应当遵循诚实信用原则。”第四百二十五条规定：“居间人故意隐瞒与订立合同有关的重要事实或提供虚假情况，损害委托人利益的，不得要求支付报酬并应当承担损害赔偿责任。”

在房屋买卖及居间过程中，对于影响合同是否能够订立和履行的重大事件，卖方或中介公司均有向买方如实告知的义务，如果刻意隐瞒，则构成了欺诈。

房屋交易中，“凶宅”对买方心理层面可能造成重大负面影响，在不动产市场的接受度也比较低，连带造成房价低落的情形。买卖双方在签订买卖合同时，卖方若明知是“凶宅”却刻意隐瞒，买方即可引用民法“物之瑕疵”概念，主张所购买的房屋因“凶宅”造成经济价值减损，要求撤销合同、返还楼款，造成买方损失的，买方还可以要求卖方承担赔偿责任。若中介公司知道或应当知道（如发生非正常死亡事件时，该中介公司已经在该区域从事居间活动，法院通常会认定中介公司是知道或应当知道的）交易物业系“凶宅”进行居间且不告知买方的，中介公司不得要求支付中介服务费，而且，造成买方损失的，还要承担相应的过错责任。

由上可知，法律并未禁止“凶宅”上市交易，因此，中介公司可以为“凶宅”提供居间服务，只是无论是卖方还是中介公司都应该要如实向买方告知该情况。

律师建议：中介公司对经营区域内发生的非正常死亡事件所对应的房屋要进行了解并进行备注，如果交易的物业系“凶宅”，中介公司不仅要如实告知买方，而且，还要将此情况写入合同。

咨询 77：买方能否以小区其他物业属于“凶宅”为由解除合同？

律师解答：如果买卖双方所交易的房屋属于“凶宅”，会影响买方是否购买此房的意愿。基于诚实信用原则和公序良俗原则，卖方及中介公司均有告知买方此种情况的义务。但作为一个非法律概念，“凶宅”的概念也不能无限扩张，动辄被拿来作为买方要求撤销或解除合同的理由，对于小区内其他物业发生“非自然死亡”事件被认定为“凶宅”的情况，并不影响此物业以外的房屋买卖事宜，买方不能以此为由解除合同。

律师建议：如果买卖房屋本身发生非正常死亡事件，中介公司在知道的情况下要向买方如实告知；虽然小区其他物业发生非正常死亡事件不影响对小区内其他房屋的买卖，但为了避免产生纠纷，对购买婚房或对此类情况有明确要求的买方，中介公司应如实告知此类情况。

咨询78：中介公司有必要要求买方在房产证复印件上签名吗？

律师解答：中介公司有如实告知的义务，中介公司向买方履行告知义务主要体现在告知买方房屋登记的权属人、房屋共有情况、登记日期、房屋性质、房屋结构、房屋使用年限、房屋建筑面积与套内面积、房屋坐落、土地出让金缴纳情况以及房屋是否存在抵押等房屋信息。这些信息与房屋买卖交易的签订与履行都息息相关，有一项不明确或是错误都有可能影响房屋买卖合同的效力和履行，从而导致中介公司面临法律风险。而以上信息都在房产证上有记载，让买方在房产证复印件上签名一方面能证明买方已经知悉买卖房屋的基本权属状态，一方面也证明中介公司向买方履行了告知义务。

律师建议：为防止日后发生纠纷时，买方以中介公司或卖方未告知或恶意隐瞒房产信息为由要求解除合同或要求中介公司承担法律责任，中介公司应要求买方在房产证或查册表上签名确认其已查阅并知悉交易房屋的基本信息，同时，应在合同中约定的“……以房产证记载内容为准”的条款，所以让买方在房产证复印件上签名，能起到证明买方已知悉房屋权属状态，中介公司已尽到告知义务的作用。

咨询79：带租约房屋出售时应注意哪些问题？

律师解答：《合同法》第二百三十条规定：“出租人出卖租赁房屋的，应当在出卖之前的合理期限内通知承租人，承租人享有以同等条件优先购买的权利。”

《最高人民法院关于审理城镇房屋租赁合同纠纷案件具体应用法律若干问题的解释》第二十一条规定：“出租人出卖租赁房屋未在合理期限内通知承租人或者存在其他侵害承租人优先购买权情形，承租人请求出租人承担赔偿责任，人民法院应予支持。但请求确认出租人和第三人签订的房屋买卖合同无效的，人民法院则不予支持。”

根据上述规定，卖方出售带租约的房屋时，承租人具有优先购买权。

因此，卖方出售带租约的房屋，应先通知承租人，承租人如在通知的合理期限内未主张优先购买权的，卖方可与买方签订房屋买卖合同。否则，承租人要求卖方承担赔偿责任的，卖方可能需要承担赔偿责任。

律师建议：中介公司在居间服务时，首先应审查出售的房屋是否存在租约；如存在租约的，应协助卖方通知承租人是否行使优先购买权；如承租人不行使优先购买权并配合交付房屋的，应让承租人出具书面的放弃优先购买权承诺书。同时，在房屋买卖合同中，还应注明交易的房屋存在出租的情况，并对该租约的处理进行明确约定。

咨询 80：房屋结构对于贷款有什么影响？

律师解答：房屋按建筑结构类型和材料，可分为砖木结构、混合结构、钢筋混凝土结构房屋等。银行贷款基于房屋现状的考虑，不同的房屋结构对银行贷款会有不同的影响。

《中国人民银行关于进一步加强房地产信贷业务管理的通知》（银发〔2003〕121 号）规定：“四、加强个人住房贷款管理，重点支持中低收入家庭购买住房的需要。商业银行应进一步扩大个人住房贷款的覆盖面，扩大住房贷款的受益群体。为减轻借贷人不必要的利息负担，商业银行只能对购买主体结构已封顶住房的个人发放个人住房贷款”。以上可以明确看出，商业银行只能对购买主体结构已封顶住房的个人发放个人住房贷款。

《广州住房公积金个人购房贷款实施办法征求意见稿》第八条规定：“属于以下情况之一的不予贷款。（一）建筑结构为砖木结构、混合结构；（二）

用途为非居住用房及低密度商品住宅；（三）已使用过住房公积金贷款”。

根据上述规定可知，房屋结构对贷款问题的影响重大，比如在广州，砖木结构、混合结构的房子是不能做公积金贷款的，只能做商业贷款。同时，因混合结构的房子一般楼龄都较长，就算是商业贷款，贷款成数及年限可能也会有所减少，可选择的贷款银行也较少。

律师建议：中介公司在居间老城区的老旧房屋时，要特别注意交易房屋是否为砖木结构、混合结构等，并要将此情况如实告知买方并提示其贷款风险，且需将此情况在房屋买卖合同中标明。

咨询 81：房屋性质对房屋买卖交易有何影响？

律师解答：第一，房屋性质对使用用途、土地使用权的年限有影响。根据我国相关法律法规规定，房屋按使用性质的不同可以分为商业用房、住宅用房、工业用房等。我国现行法律规定建设用地使用权的期限，居住用地是 70 年，工业用地 50 年，商业用地 40 年，综合用地 50 年。《物权法》第一百四十九条规定：“住宅建设用地使用权限期间届满的，自动续期。非住宅建设用地使用权期间届满后的续期，依照法律规定办理。该土地上的房屋及其他不动产的归属，有约定的，按照约定；没有约定或者约定不明确的，依照法律、行政法规的规定办理。”

因此，房屋性质及用途的不同，其使用年限也就不同。住宅用房只能用于居民住宅使用，不能用于其他性质的使用，使用期限为 70 年，到期可以自动续期，但续期需不需要再次缴纳建设用地使用费法律却无明文规定；商业用房只能用于商业使用，土地使用期限为 40 年。

第二，房屋性质还影响买方户口迁入问题。按现行户籍政策，买方购买的商业用房是无法迁入户口的。

第三，房屋性质还影响买方按揭付款时贷款的成数，一般而言，商业用房最高贷款比例为房价的 50%，而住宅用房最高贷款成数可至房价的八成。

因此，房屋性质对购房人的土地使用用途、使用年限、贷款的成数以及户口迁入等有重大影响。

律师建议：中介公司在居间房屋买卖交易时，要特别留意房屋性质，如果是商业用房或商住用房或产权证上未标明房屋性质的，要及时向房地产管理部门进行核实并了解相关政策，同时，还需要如实告知买方该房屋的性质及可能存在的影响且最好在合同中明确注明。

咨询82：中介公司在居间过程中，为何要特别注意交易房屋名下的户口问题？

律师解答：户口问题在房屋买卖中常常被忽略，但却是一个足以影响买方是否购房的重要因素。户口问题会影响到买方户口能否迁入、小孩能否顺利入学、房屋拆迁时如何补偿、买方再出售时户口能否顺利迁走等多方面的问题。

实践中因户口问题发生争议的有很多。如卖方的房屋是卖方唯一一套房屋，在买卖合同签订后买方要求卖方迁出户口，则无论买方理由多么充分，公安机关因卖方没有其他房屋可供其户口的迁出，一般不会强行要求将卖方户口迁出。基于此，买方自己户口的迁入问题就无法得到解决，买方户口迁不进去，对落户当地、学位房的获取等也会有重大影响。

律师建议：由于房屋户口问题对购房者有很多方面的影响，所以，中介公司在居间房屋买卖交易时，应提醒买方在买卖合同签订前和卖方一起带上身份证和户口簿到物业所在辖区的公安派出所进行户口查询。如果该物业户口项下有挂户口，买方可与业主在合同中约定“业主或是卖方保证在某年某月某日前迁出本物业项下的所有户口，否则买方可解除合同并要求业主承担违约责任”的内容，以此保障买方的户口问题能够得到妥善解决，化解中介公司可能会遇到的法律风险。

第四节　合同条款的填写准则

一、合同主体资料的填写

咨询83：中介公司是否需要在房屋买卖合同上完整填写交易双方的身份信息？

律师解答：《合同法》第二条规定："本法所称合同是平等主体的自然人、法人、其他组织之间设立、变更、终止民事权利义务关系的协议。"第十二条规定："合同的内容由当事人约定，一般包括以下条款：（一）当事人的名称或者姓名和住所……"《民事诉讼法》第一百一十九条规定："起诉必须符合下列条件：（一）原告是与本案有直接利害关系的公民、法人和其他组织；（二）有明确的被告……"

根据上述规定可知，交易双方的身份信息不仅是确定合同当事人必不可少的条款，而且在我国诉讼程序中，因合同发生纠纷起诉时要有明确的身份信息才能被法院立案受理。所以，交易双方的身份信息必须要在合同中明确填写。

律师建议：

中介公司在书写合同时要注意：

（1）如交易双方都是自然人，在合同中要对照身份证信息填写身份信息，填写信息包括名字、身份证号码、住址，填写后可让交易双方捺手印。没有携带身份证的，可以核对其驾驶证、护照、港澳通知证、回乡证、侨胞证、军官证等其他可以证明其身份信息的证件，以此来进行填写并复印好相关身份证件。

（2）如交易一方是公司法人的，要填写公司名称、地址、法定代表人，并复印好公司的营业执照、组织机构代码、法定代表人身份证。

咨询 84：房屋买卖合同中，是否必须填写买卖双方的联系地址？

律师解答：《合同法》第十二条规定："合同的内容由当事人约定，一般包括以下条款：（一）当事人的名称或者姓名和住所……"

在房屋买卖合同中填写买卖双方的联系地址对合同顺利履行具有非常重要的法律意义。在合同履行过程中，任何的通知，均可按照合同上的联系地址发函。按照合同上的联系地址发送的函件，即使对方拒收，该函件仍具有通知的法律效力。当买卖双方产生争议时，买卖双方之前所发的函件，可作为证据使用，用以证明自己积极履行合同或对方未按约定履行合同。因此，一个有效的合同约定地址既能保障合同履行，在一方出现违约行为，也有利于守约方保存违约方违约的证据。

> **律师建议：**中介公司应在合同条款中增加如下条款"本合同首页记载的合同各方通信地址为所有通知、文件、资料等法定送达地址。上述地址若有变更，应在变更后三日内通知本合同其他两方，否则仍以原地址为所有通知、文件、资料等送达地址。当面交付文件的，在交付之时视为送达；通过邮寄方式的，以投邮当日视为送达"。

二、交易物业地址的填写

咨询 85：合同中记载的物业地址与房产证记载的物业地址不一致时，该如何处理？

律师解答：居间过程中，很多经纪人因为交易楼盘比较熟悉而将物业地址按楼盘信息进行填写，或在填写合同时，仅根据卖方的陈述填写相关信息，等到合同签署完毕并交给买卖双方后才发现该物业地址填写错误，如买方此时不想继续购买该物业，就会以此为借口要求解除合同。这种情况下，无论是卖方还是中介公司都会十分尴尬，尤其是作为合同的提供者和填写者，中介公司还将面临被追究责任的风险。因此，在签订合同时，中介公司及买卖双方须严格按照房产证所登记的物业地址进行填写。若合同签订后才发现合同中记载的地址与房产证记载的物业地址不一致，为了保证合同能够顺利履行，卖方可以凭房产证到派出所或物业管理处申请其说明情况，要求相关单位出具证明，以证明两个不一样的地址实则为同一套物业。

律师建议：中介公司在编写合同时，应标明“房屋地址、建筑面积及建筑结构以《房地产权证》为准”的字样。同时，在填写合同时，切勿轻信卖方单方的陈述，应核对房产证原件、复印件或查册表，所有信息均应严格按房产证（不动产权登记证）上的记载内容进行填写。

咨询86：签订合同时，发现房产证房屋地址与现查册地址不一致应如何填写？

律师解答：此种情况，主要是由于房管部门在录入该房屋信息时出现错误或行政区划调整导致的，遇到这类情况时，中介公司应向买方进行解释，并与卖方沟通，要求卖方凭房产证到房管局要求对房屋地址不一致的情况作出更正或说明，以保障交易的顺利进行。同时，中介公司应建议买卖双方对该不一致的内容在合同中进行记载，以免日后再生事端。

三、合同的落款

咨询87：签订房屋买卖合同时，就买卖双方如何落款签名，中介公司应注意哪些问题？

律师解答：

（1）建议买卖双方用正楷字，签名避免模糊签名、化名、简称、字迹潦草。

（2）中介公司应核实当事人姓名与身份证上的名字是否相符，确认其签名的真实性。

（3）代理人签名的，中介公司应要求将委托人与代理人的名字均签上，同时注明委托人的名字由代理人代签。

（4）合同不止一页的，建议每页均签名确认或在骑缝处签名。

（5）签名后尽量要求买卖双方按指模。

咨询 88：签订合同时买卖双方有签名但没有按指模或只按指模没签名，该合同是否有效？

律师解答：《合同法》第三十二条规定："当事人采用合同书形式订立合同的，自双方当事人签字或者盖章时合同成立。"

根据上述法律规定，合同只要当事人亲笔签字或盖章即具有法律效力，法律并未强制规定当事人一定要按指模，合同有签字或盖章但未按指模的，不影响合同的法律效力。同样的，每个人的指模都是独一无二的，当事人在合同上按上自己的指模与在合同上亲笔签名在法律上的效果是一样的。故不管是有签名没有按指模或只按指模没签名，这在法律层面上都反映了其对合同内容的认可，合同对其当然产生法律效力。

律师建议：在签订房屋买卖合同、定金收据、楼款收据等重要文件时，无论是卖方或是买方签名，中介公司都必须在场亲眼看见其亲自在文件上落款，保证买卖双方签名的真实性，绝不能允许买卖双方或任何一方将合同带回家签署后交给中介公司。

咨询 89：房屋买卖合同（三方合同）上，中介公司一栏只有公司盖章而没有经纪人签名，房屋买卖合同是否成立？

律师解答：《合同法》第三十二条规定"当事人采用合同书形式订立合同的，自双方当事人签字或者盖章时合同成立。"

《房地产经纪管理办法》第三十三条规定："违反本办法，有下列行为之一的，由县级以上地方人民政府建设（房地产）主管部门责令限期改正，记入信用档案；对房地产经纪人员处以 1 万元罚款；对房地产经纪机构处以 1 万元以上 3 万元以下罚款……（三）房地产经纪服务合同未由从事该业务的一名房地产经纪人或者两名房地产经纪人协理签名的……”

根据《合同法》第三十二条的规定，如果合同当事人是法人的，其盖章即具有法律效力，经纪人签名与否，不影响合同的法律效力。因此，房屋买卖合同（三方合同）上，中介公司已盖公司公章，买卖双方也都已签名，则买卖合同（三方合同）即告成立；虽然《房地产经纪管理办法》对经纪人未在合同中签名的进行了明确的处罚规定，但这只是一项行政处罚措施，并不能导致合同无效。

律师建议：题述情况下，虽然合同是有效的，但中介公司要面临行政处罚。另，在实践中，也经常会因为题述情况而发生纠纷，尤其是买方或卖方想违约时经常会以此为由，因此，中介公司必须规范地按《房地产经纪管理办法》的要求签名并盖章。

咨询 90：备注条款中买方与中介公司均有签名盖章确认，但卖方没有进行签名确认，该条款对卖方具有法律效力吗？

律师解答：《合同法》第四十四条规定：“依法成立的合同，自成立时生效。法律、行政法规规定应当办理批准、登记等手续生效的，依照其规定。”

合同条款必须经各方当事人一致同意方对当事人具有法律约束力，而合同备注条款一般是对原合同内容中部分条款的补充约定，需要合同各方当事人签字确认，现卖方没有签名且事后也不予承认，若无相应证据证明卖方事先知道并且明确同意该补充约定的，该备注补充条款对业主不具有法律约束力。

律师建议：中介公司对涉及合同重要条款，尤其是加重对方义务或免除自己责任的备注要明确向买卖双方说明，并且要求买卖双方签名确认确保其法律效力。

咨询 91：委托代理人应该签谁的名字？

律师解答：《民法通则》第六十三条规定："公民、法人可以通过代理人实施民事法律行为。代理人在代理权限内，以被代理人的名义实施民事法律行为。被代理人对代理人的代理行为，承担民事责任。"

根据上述规定可知，委托代理人作为代理人进行代理行为，在代理权限范围内应以被代理人的名义行使权利，因此在房屋买卖合同中，当事人签名一栏应由代理人代签当事人姓名，委托代理人一栏需签代理人本人姓名，代理人在合同上签字视同当事人在合同上签字，合同即对于委托人有法律约束力。

> **律师建议：**中介公司在委托代理人签订房屋买卖合同时要注意，委托代理人一栏要签署代理人本人的名字，同时让代理人将委托人的名字也签上，并注明由代理人代签。

四、合同其他重要条款填写与约定

咨询 92：合同中有选择项，中介公司未进行填写，有何法律后果？

律师解答：《合同法》第十二条规定："合同的内容由当事人约定，一般包括以下条款：（一）当事人的名称或者姓名和住所；（二）标的；（三）数量；（四）质量；（五）价款或者报酬；（六）履行期限、地点和方式；（七）违约责任；（八）解决争议的方法。当事人可以参照各类合同的示范文本订立合同。"《合同法》第六十一条规定："合同生效后，当事人就质量、价款或者报酬、履行地点等内容没有约定或者约定不明确的，可以协议补充。"

如果中介公司未填写的是合同的主要条款，即属于合同主要事项约定不明，如果买卖双方产生争议，且无法达成补充协议的，而一方主张解除合同的，法院通常都会以主要事项约定不明且无法通过协商达成一致意见，不可归责于任何一方而支持合同的解除。

律师建议：合同中的选择项是十分重要的，中介公司在填写合同时务必规范准确，约定项选择打“√”，不约定项也必须打“×”。一旦出现约定不明的情况，中介公司应积极地进行协商，争取能促成买卖双方达成一致意见。

咨询93：合同中重要条款用粗体字标注的法律意义？

律师解答：《合同法》第三十九条规定：“采用格式条款订立合同的，提供格式条款的一方应当遵循公平原则确定当事人之间的权利和义务，并采取合理的方式提请对方注意免除或者限制其责任的条款，按照对方的要求，对该条款予以说明。”

《最高人民法院关于适用〈合同法〉若干问题的解释（二）》第六条规定：“提供格式条款的一方对格式条款中免除或者限制其责任的内容，在合同订立时采用足以引起对方注意的文字、符号、字体等特别标识，并按照对方的要求对该格式条款予以说明的，人民法院应当认定符合合同法第三十九条所称‘采取合理的方式’。提供格式条款一方对已尽合理提示及说明义务承担举证责任。”

因此，合同中重要条款用粗体字标注在法律上具有特别提示的作用。

律师建议：中介公司对于需要提示买卖双方的一些信息，如限购政策、银行贷款政策、房改房及经济适用房转让政策等，在印制合同时以粗体字标注，可起到特别提示的作用。

咨询94：合同约定“首期款于递件交易当天（打印体）或2016年3月1日前（手写体）支付”，则首期款支付时间到底是哪一天？

律师解答：《合同法》第四十一条规定：“对格式条款的理解发生争议的，应当按照通常理解予以解释。对格式条款有两种以上解释的，应当作出不利于提供格式条款一方的解释。格式条款和非格式条款不一致的，应当采用非格式条款。”

合同中的打印体通常是固定格式，是无法变更和修改的，因此，合同中的打印的约定通常会被认定为“格式条款”，而手写体，是买卖双方经过协商后确定的，通常会被认定为“非格式条款”。因此，在合同中出现打印体条款与手写体条款约定不一致时，法院通常会认为手写体是双方充分合意的结果，是双方真实的意思表示，而最终采纳手写体作为双方履行的约定，因此，题中所述情况，首期款的履行支付时间是2016 年 3 月 1 日前。

律师建议：在合同中，存在“或”的选择项，只能选择其一；否则，就会因为约定不明而产生争议。所以选择其中一项时，应把另一项划掉，如“首期款于递件交易当天（打印体）或 2016 年 3 月 1 日前（手写体）支付”。如果双方同意在首期款于递件交易当天支付，但卖方急于需要使用资金并担心银行贷款审批时间太长影响递件交易，则可以约定“首期款于递件交易当天（打印体）但最迟不迟于2016 年3 月 1 日前（手写体）支付”。

● ● ● ● ●

第五节 合同的生效

咨询 95：口头约定的房屋买卖合同有没有法律效力？

律师解答：《合同法》第十条规定：“当事人订立合同，有书面形式、口头形式和其他形式。法律、行政法规规定采用书面形式的，应当采用书面形式。当事人约定采用书面形式的，应当采用书面形式。”

《中华人民共和国城市房地产管理法（2007 修正）》第四十一条规定：“房地产转让，应当签订书面转让合同，合同中应当载明土地使用权取得的方式。”

根据上述规定，房屋买卖应当订立书面的转让合同。但是《城市房地产管理法》是管理性的法规而非效力性的法规，若买卖双方就房屋买卖达成口头约定，只要该约定具体明确，体现了双方共同真实的意思表示并得到实际履行，即便该约定是口头约定，只要约定不违反法律的强制性规定，该口头约定就合法有效。

咨询 96：代理人未取得代理权，其签订的房屋买卖合同有没有法律效力？

律师解答：《民法通则》第六十六条第一款规定："没有代理权、超越代理权或者代理权终止后的行为，只有经过被代理人的追认，被代理人才承担民事责任。未经追认的行为，由行为人承担民事责任。本人知道他人以本人名义实施民事行为而不作否认表示的，视为同意。"

无权代理是基于没有代理权而以被代理人名义实施的旨在将效果归属于被代理人的代理。委托代理以被代理人授予代理权为要件，无权代理与有权代理的区别就是欠缺委托人的授权。

因此，在没有授权的情况下，合同是效力待定的状态，如果事后被代理人对代理人的代理行为或代理权限进行了追认，且代理人代签的房屋买卖合同是有效的；反之，则该房屋买卖合同对被代理人无效，相应的法律责任由无权代理人承担。

律师建议：中介公司可通过视频、语音、电话录音、短信、微信、QQ、传真、邮件等方式征求被代理人是否委托代理人行使相关权利并确定委托的具体事项和具体权限。

咨询 97：买卖双方签订合同的时间不一致的，合同生效时间以哪个时间为准？

律师解答：《合同法》第三十二条规定："当事人采用合同书形式订立合同的，自双方当事人签字或者盖章时合同成立。"

根据此规定，合同生效的时间是双方签字时或盖章时，当买卖双方签订合同时间不一致的，合同生效的时间应以后者签订的时间为生效日期。

咨询98：合同附件中，买卖双方未签名，附件是否对买卖双方产生法律效力？

律师解答：对于该问题，应视情况而定。如果附件与合同正本是连接在一起的，或者在合同正本里已经约定附件为合同组成部分之一，与合同具有同等法律效力的情况下，即使买卖双方未在合同附件中签名，合同附件对买卖双方仍具有法律约束力。但如果附件在签订合同正本时并未附有的，在事后才进行约定，或者合同正本中未约定附件为合同组成部分之一的，则合同附件通常视为买卖双方另行作出的约定，买卖双方未签名的，对其不产生法律效力。

咨询99：房屋买卖合同上只有经纪人签名，但公司未盖章，客户能否以此为由主张房屋买卖合同无效？

律师解答：《合同法》第三十二条规定："当事人采用合同书形式订立合同的，自双方当事人签字或者盖章时合同成立。"《民法通则》第六十三条第二款规定："代理人在代理权限内，以被代理人的名义实施民事法律行为。"

就房屋买卖合同来说，买卖双方已在合同上签字，不管中介公司盖章与否买卖合同都已成立。在居间合同方面，居间合同也是成立有效的。理由如下：在代理关系中，代理人以被代理人从事法律行为，民事法律后果最终归于被代理人。显然，基于代理行为所产生的民事法律关系的主体应是被代理人。而经纪人作为中介公司的员工，一般情况下中介公司都会授权经纪人在房屋买卖合同中签名，且经纪人以中介公司名义签署合同的行为通常是发生在中介公司的营业场所里，故经纪人的行为实际上是代表公司签署合同的一种代理行为，即使合同上中介公司未盖章，该合同中有关居间关系的约定仍是生效的。

综上，客户以此为由主张房屋买卖合同无效的请求难以得到法院的支持。

律师建议：由于居间是中介公司的法定义务，居间是否成功也影响到居间服务费的收取，因此，中介公司应在房屋买卖合同上加盖公章，以明确这是公司的经营行为，可以更好地保障中介公司的收佣权利。

咨询 100：中介公司能否让卖方或买方把合同拿回家签署或邮寄给其签署后再交回公司？

律师解答：《民法通则》第五十五条规定：“民事法律行为应当具备下列条件：（一）行为人具有相应的民事行为能力；（二）意思表示真实；（三）不违反法律或者社会公共利益。”

根据上述规定，合同合法有效的条件之一是当事人的意思表示真实。所谓的意思表示真实，具体到房屋买卖中是指卖方或买方在合同上的签名是真实的、合法的。如果卖方或买方把合同拿回家签署或邮寄签署才再交回公司，中介公司无法确认合同上的签名是否是卖方或买方真实的签名，从而无法确定合同的合法有效性，而一旦出现纠纷，由于中介公司未能确保其所居间的合同的真实性，需承担相应的过错责任。

律师建议：签署合同时，中介公司应要求卖方或买方共同到场亲自签署。单方签署的，中介公司也要确保单方当面签署，确因特殊原因无法当面签署的，中介公司应要求卖方或买方通过视频方式确认卖方或买方是亲笔签名的。最后，中介公司还应通过电话录音等方式确认合同是卖方或买方签名的事实，并保留相关证据。

第六节　合同的变更

咨询 101：中介公司误将建筑面积写成套内面积，事后发生争议，该如何处理？

律师解答：对于中介公司方误将建筑面积写成套内面积的情形，应分情况而论。如果中介公司在签约前或买方在签约前已查看过业主房产证，并在房产证上签字确认的，那么，合同上的书写错误可认为是笔误，实际交易面积以房产证上记载的面积为准；如果中介公司事先没有让买方查看过房产证并在房产证上签字确认产权及房屋基本情况的，那么，中介公司误将建筑面积写成套内面积，买方可依据《合同法》第五十四条的规定："下列合同，当事人一方有权请求人民法院或者仲裁机构变更或者撤销：（一）因重大误解订立的……"以重大误解的理由，要求变更或撤销合同。

律师建议：

（1）中介公司填写房屋买卖合同时，应严格按照房产证（不动产登记证）或查册表记载的信息进行填写，填写完成后要认真核对一遍。

（2）要求买方在房产证（不动产登记证）或查册表的复印件上签名，以确认其核对过房屋的相关信息。

（3）中介公司修改房屋买卖合同相关内容时（如遇上问题中所述情况，发生填写错误需进行修改），应在一式三联的合同上同时做出修改，并由买卖双方签名确认。

咨询102：买卖双方未经中介公司同意，擅自变更房屋买卖条款，该变更的条款是否具有法律效力？

律师解答：《合同法》第七十七条规定："当事人协商一致，可以变更合同。法律、行政法规规定变更合同应当办理批准、登记等手续的，依照其规定。"

根据上述规定，只要当事人协商一致是可以变更合同条款的。中介公司提供的房屋买卖合同（三方合同）涉及两类民事法律关系，一是买卖双方的房屋买卖关系，二是中介公司和买卖双方的居间关系。而在房屋买卖关系中涉及的当事人只有买卖双方，如果买卖双方只是针对房屋买卖条款进行变更，因该变更只涉及买卖双方的权利义务，并未触及居间关系中的权利义务，因此，该变更不经中介公司同意同样具有法律效力。

律师建议：买卖双方变更房屋买卖条款虽不需要经过中介公司的同意，但往往需要中介公司出具相应的补充协议。中介公司应对变更的内容进行明确约定并要求买卖双方共同签名确认。若是在原有合同条款的基础上变更，可以把原有条款划掉，注明变更内容，且双方均需在变更的条款上签名或捺手印确认；也可以在原合同上（一式三份）同时做修改变更。

咨询 103：中介公司未经卖方同意，擅自与买方变更付款条件，该变更的条款对卖方是否具有法律约束力？

律师解答：《合同法》第七十七条规定："当事人协商一致，可以变更合同。法律、行政法规规定变更合同应当办理批准、登记等手续的，依照其规定。"

买卖合同的直接当事人为买卖双方，中介公司并非买卖合同的主体，变更付款条件属于买卖双方的法律关系，与中介公司无关，因此其无权对买卖合同的相关条款进行变更的。若买方未与卖方进行协商就擅自与中介公司变更付款方式，则该变更内容对卖方不具有法律约束力，买方未按合同约定的付款条件履行付款义务的，卖方可追究买方的违约责任。

律师建议：对涉及买卖双方权利义务的条款，在未征得另一方同意的情况下，中介公司是无权与任何一方擅自进行变更的。对于买卖双方之间就合同条款及履行发生争议的，应由买卖双方自行协商，中介公司可以居间协商，但不要介入和干涉买卖双方关于房屋交易的事项。

咨询 104：补充条款与原合同条款约定不一致时，以哪个约定为准？

律师解答：《合同法》第六十一条规定："合同生效后，当事人就质量、价款或者报酬、履行地点等内容没有约定或者约定不明确的，可以协议补充；不能达成补充协议的，按照合同有关条款或者交易习惯确定。"

补充协议是合同双方对于合同事项的明确、补充或变更，签订在主合同之后，是双方真实意思的表示。当原合同条款与补充协议条款约定不一致时，因补充协议签订在后，较原合同来说，是对原合同约定的变更，更能体现合同当事人对于补充事项的真实意思表示。因此，如无特殊约定，当补充协议条款与原合同条款约定不一致时，合同应以补充协议的条款为准。

律师建议：中介公司在合同履行过程中，若需要协助买卖双方签订补充协议的，为避免出现类似上述纠纷，可在补充协议上载明“本补充协议与原合同具有同等法律效力，若与原合同的约定有不一致的，以本协议的约定为准”。

第七节　合同的解除

咨询105：买卖双方在什么情况下可以解除合同？

律师解答：《合同法》第九十四条规定：“有下列情形之一的，当事人可以解除合同：

（一）因不可抗力致使不能实现合同目的；

（二）在履行期限届满之前，当事人一方明确表示或者以自己的行为表明不履行主要债务；

（三）当事人一方迟延履行主要债务，经催告后在合理期限内仍未履行；

（四）当事人一方迟延履行债务或者有其他违约行为致使不能实现合同目的；

（五）法律规定的其他情形。”

除法定情形外，买卖双方还可以在合同里约定买卖双方解除合同的特定情形，如无法获得足额贷款、无法获得公积金贷款等。只要该约定不违反法律法规的强制性规定，在一方违反时守约方都可依据合同约定。

咨询 106：买卖双方销毁（撕毁）合同，或在合同上标明“作废”，是否具有解除合同的法律效力？

律师解答：《合同法》第九十三条规定：“当事人协商一致，可以解除合同。”

根据该规定，房屋买卖合同的解除，必须经买卖双方一致同意。只要买卖双方协商一致，是可以解除合同的。买卖双方销毁（撕毁）合同，或双方在合同上标明“作废”并签名确认的，均是买卖双方对于房屋买卖合同解除的合意和表现方式，可以认定为买卖双方均同意解除合同。

律师建议：

（1）在买卖双方没有签订书面的房屋买卖合同解除协议的前提下，买卖双方欲通过销毁（撕毁）合同或在合同上标明“作废”的方式解除合同的，必须将所签署过的所有合同销毁（撕毁）或买卖双方在所签署过的所有合同中标明“作废”并签名确认。否则，会存在一方利用余下没有销毁或者没有标明“作废”的合同追究另一方违约责任的风险。

（2）合同解除，最好还是签订书面的合同解除协议，就合同的解除、定金的退还、违约金的承担、网签的解除、居间服务费的支付等相关事宜的解决进行书面约定。

咨询 107：未经中介公司同意，买卖双方能否私下解除房屋买卖合同？

律师解答：《合同法》第九十三条规定：“当事人协商一致，可以解除合同。”

中介公司与买卖双方之间形成的是居间合同关系，买卖双方之间形成的是房屋买卖合同关系，这两个法律关系是相互独立的。因此，在房屋买卖合同关系中，买卖双方作为当事人，在协商一致的情况下，可以解除房屋买卖合同关系，不需经中介公司同意。但如果在该房屋买卖合同中，有中介公司是作为合同主体之一的（如三方合同），这种情况下，买卖双方并不能直接解除或“作废”整个房屋买卖合同，只能解除其中关于买卖双方之间的房屋买卖合同关系。而房屋买卖合同中（三方合同）关于买卖双方与中介公司之间的居间合同关系，在未经中介公司同意的前提下，买卖双方即使协商一致也不能解除。

律师建议：中介公司若担心因买卖双方私下解除合同而导致无法收取居间服务费的，可在房屋买卖合同中明确约定“鉴于中介公司已促成房屋买卖合同成立，房屋买卖关系的终止（除不可抗力外）、解除均不影响中介公司收取居间服务费用”。

第五章　合同的约定与履行

第一节　房屋交易价格

咨询 108：二手房买卖中，是否涉及房屋单价的问题？

律师解答：二手房一般为现楼，且大多已出房产证，因此，如果没有特殊约定，房屋均按套出售，一般不会涉及房屋单价的问题，只约定一个房屋的交易总价即可。

> **律师建议：**中介公司在编制房屋买卖合同时，应明确约定“该物业之成交价为人民币（大写）＿＿＿＿佰＿＿＿＿拾＿＿＿＿万＿＿＿＿仟＿＿＿＿佰＿＿＿＿拾＿＿＿＿圆整，（小写）￥＿＿＿＿元（大小写不一致时，以大写为准，下同）。此成交价为该物业以套为单位计价且已包含该物业所有楼款、卖方买入该物业后至此次出售交楼前已产生之一切费用及现有已缴之杂费”。

咨询 109：房屋价格大小写不一致，交易价格应以哪个为准？

律师解答：《合同法》第六十一条规定：“合同生效后，当事人就质量、价款或者报酬、履行地点等内容没有约定或者约定不明确的，可以协议补充；不能达成补充协议的，按照合同有关条款或者交易习惯确定。”第六十二条规定：“当事人就有关合同内容约定不明确，依照本法第六十一条的规定仍不能确定的，适用下列规定……（二）价款或者报酬不明确的，按照订立合同时履行地的市场价格履行；依法应当执行政府定价或者政府指导价的，按照规定履行……”

根据上述法律的规定，如果房屋价格大小写不一致的，首先是要看合同中有没有对楼价大小写不一致时如何解决进行了约定。若合同中有明确约定“大小写不一致时，以大写为准”的字样，则应按合同约定以大写为准。当然，如果大写明显错误，则应按双方约定的真实价格履行。若合同中对此无明确约定，应由买卖双方达成补充协议予以明确，不能达成补充协议的，应按照订立时履行地的市场价格确定房屋真实的交易价格。

律师建议：中介公司在设计合同时，务必要在合同中注明“大小写不一致时，以大写为准”的字样。同时，在填写合同时，对于合同的核心条款（如房屋交易价格等），务必要确保准确性。

咨询 110：房屋总价与分期付款的计算总额约定不一致，房屋交易价格究竟以哪个为准？

律师解答：《合同法》第六十一条规定：“合同生效后，当事人就质量、价款或者报酬、履行地点等内容没有约定或者约定不明确的，可以协议补充；不能达成补充协议的，按照合同有关条款或者交易习惯确定。”第六十二条规定：“当事人就有关合同内容约定不明确，依照本法第六十一条的规定仍不能确定的，适用下列规定……（二）价款或者报酬不明确的，按照订立合同时履行地的市场价格履行；依法应当执行政府定价或者政府指导价的，按照规定履行……”

房屋总价与分期付款的计算总额约定出现不一致时，一般是由于签订合同时存在笔误。房屋交易价格究竟以哪个为准？一般以在签合同时买卖双方的真实意思表示为准。若买卖双方均不能证明何为真实意思表示的，属于约定不明，则应按《合同法》第六十一条、第六十二条的规定来明确定。一般情况下，在买卖合同中关于房屋总价的内容是买卖双方反复确认的结果，出现笔误的概率较小，对房屋价格的约定，分期付款是对付款方式的约定，因此在出现不一致的情况下，按照合同条款的内容来说，通常应以合同中标明的房屋总价为准。

律师建议：中介公司在签署合同之时，应认真仔细填写合同，尤其是合同的重要条款要反复确认，确保准确无误。合同填写完成后交由门店经理审核后再交由买卖双方签署。

咨询111：二手房交易过程中，原开发商赠送的一层花园或顶层露台面积是否需计入楼价？

律师解答：目前国内通常的做法是，室内的阳台一般是按阳台一半面积计入房屋面积，因此，室内的阳台面积是包含在交易房屋之内的。但是，现在很多开发商在购房合同中明确标注开发商赠予买方地下室、一层花园、顶层露台等，但这些区域通常都属于公摊面积应属于全体业主所有，开发商是无权赠送的，其与买方对于这部分区域的赠送约定通常是无效的，该部分区域通常也是没有产权证的，因此，该部分面积是不计入楼价的，除非买卖双方在房屋买卖合同中对此是否属于交易范围有明确约定（即使有，也可能被认定为无效）。

律师建议：中介公司在居间带有开发商赠送的一层花园、地下室、顶层露台等无产权公摊区域的房屋买卖时，应在合同内明确表明：该部分区域没有产权证，不在交易范围，属无偿附送使用，有被收回公用的可能。

第二节　定金支付

咨询112：定金支付有无上限？

律师解答：《担保法》第九十一条规定："定金的数额由当事人约定，但不得超过主合同标的额的百分之二十。”一旦定金数额超过主合同标的额的百分之二十，则会导致该定金明显过高而得不到法院全额支持。

律师建议：*在房屋买卖合同中约定的定金总金额不要超过主合同标的额的百分之二十。*

咨询113：定金合同是诺成合同还是实践合同？

律师解答：根据我国法律规定，定金合同属于从合同、要式合同、实践合同，同时，定金合同具有定金罚则的效力。定金合同从实际交付定金之日起生效，所以合同当事人应当在定金合同中约定交付定金的方式，比如通过现金支付还是银行转账支付。如果是以银行转账支付的方式，自钱款到达对方账户时视为交付。

诺成合同自当事人双方意思表示一致时即可成立，不以一方交付标的物为合同的成立要件，当事人交付标的物属于履行合同，而与合同的成立无关。而实践合同是指除当事人意思表示一致外，还须交付标的物方能成立的合同，定金合同就是典型的实践合同，以实际交付为生效日期。

咨询114：定金罚则如何适用？

律师解答：《合同法》第一百一十五条规定：“当事人可以依照《担保法》约定一方向对方给付定金作为债权的担保。债务人履行债务后，定金应当抵作价款或者收回。给付定金的一方不履行约定的债务的，无权要求返还定金；收受定金的一方不履行约定的债务的，应当双倍返还定金。”《担保法》第八十九条规定：“当事人可以约定一方向对方给付定金作为债权的担保。债务人履行债务后，定金应当抵作价款或者收回。给付定金的一方不履行约定的债务的，无权要求返还定金；收受定金的一方不履行约定的债务的，应当双倍返还定金。”

上述规定即法理上的“定金罚则”，凡当事人在合同中明确约定给付定金的，在实际交付定金后，如一方不履行合同除有法定免责的事由外，即应对其适用定金罚则。即债务人履行债务后，定金应当抵作价款或者收回。给付定金的一方不履行约定的债务的，无权要求返还定金；收受定金的一方不履行约定的债务的，应该双倍返还定金。

咨询 115：房屋买卖合同中约定了定金支付日期，但买方到期未支付定金，买方的行为是否构成违约?

律师解答：《合同法》第一百〇七条规定：“当事人一方不履行合同义务或者履行合同义务不符合约定的，应当承担继续履行、采取补救措施或者赔偿损失等违约责任。”

根据上述规定，虽然定金合同属于实践合同，定金以实际交付为生效日期，但房屋买卖合同属于诺成合同，一经签订即发生法律效力，至于定金是否支付，只影响该条款的履行，买方未按约定日期及金额支付定金，不影响房屋买卖合同的效力，但买方的行为已经构成违约，虽然不能适用定金罚则，但仍需按买卖合同约定承担其他的违约责任。

因此，买方未按约定日期及金额支付定金，导致合同无法继续履行的，构成违约。

咨询 116：买方未足额支付定金，卖方主张没收定金的金额该如何确定？

律师解答：根据《合同法》第一百〇七条的规定：“当事人一方不履行合同义务或者履行合同义务不符合约定的，应当承担继续履行、采取补救措施或者赔偿损失等违约责任。”《担保法》第九十条规定：“定金应当以书面形式约定。当事人在定金合同中应当约定交付定金的期限。定金合同从实际交付定金之日起生效。”

由于定金合同从实际交付定金之日起生效，定金数额应以实际交付数额为准。买方未足额支付定金的，卖方主张返还双倍定金的应以买方实际支付的定金数额为准。

咨询 117：买方未支付定金，卖方还能否向买方主张定金罚则？

律师解答：《担保法》第九十条规定："定金应当以书面形式约定。当事人在定金合同中应当约定交付定金的期限。定金合同从实际交付定金之日起生效。"

根据上述规定我们可知，定金合同是实践性合同，需实际支付了定金才发生定金罚则的法律效力。买方未支付定金，卖方不能向买方主张定金罚则。因此，买方违约未支付定金，卖方很难向买方主张定金罚则，但卖方可根据合同的其他约定向买方主张违约责任。

律师建议：中介公司在签署合同时应在房屋买卖合同中明确约定，一方违约，守约方可选择定金罚则或楼价的10%作为违约金。到时，即便买方未支付定金不适用定金罚则，也可主张楼价的10%作为违约金。

咨询 118：买方未支付定金，合同仅约定了"定金罚则"而未约定其他违约责任，卖方如何追究买方的违约责任？

律师解答：《合同法》第一百一十三条规定："当事人一方不履行合同义务或者履行合同义务不符合约定，给对方造成损失的，损失赔偿额应当相当于因违约所造成的损失，包括合同履行后可以获得的利益，但不得超过违反合同一方订立合同时预见到或者应当预见到的因违反合同可能造成的损失。"

合同虽然约定了定金罚则，但因买方未支付定金，卖方不能根据"定金罚则"的规定追究买方的违约责任。在既不能适用"定金罚则"又无约定其他违约责任承担方式的情况下，根据上述法律规定，卖方只能按实际损失要求买方承担损害赔偿的责任，如同时期楼价迅速下跌，卖方可要求买方赔偿楼价的差价部分。

律师建议：中介公司在居间买卖双方签订房屋买卖合同时，应建议双方不要只约定定金责任作为唯一的违约责任承担方式，最好对违约金的计算方式也进行约定。

咨询 119：一方违约后，定金条款和违约金条款可以同时适用吗？

律师解答：《合同法》第一百一十六条规定："当事人既约定违约金，又约定定金的，一方违约时，对方可以选择适用违约金或者定金条款。"根据合同法的这一规定，违约条款和定金条款是不能同时适用的，守约方可根据有利原则并结合具体情况选择其中之一作为赔偿依据。

咨询 120：中介公司可以代卖方收取定金吗？

律师解答：《民法通则》第六十三条规定："公民、法人可以通过代理人实施民事法律行为。代理人在代理权限内，以被代理人的名义实施民事法律行为。被代理人对代理人的代理行为，承担民事责任。依照法律规定或者按照双方当事人约定，应当由本人实施的民事法律行为，不得代理。"

根据上述法律规定可知，委托人可以委托代理人代为实施民事法律行为，代理人既可以是公民，也可以是法人。中介公司属于法律意义上的法人，其具有独立的民事权利和民事行为能力，因此只要其取得卖方的明确授权，可以作为卖方的代理人代替卖方收取定金。

律师建议：中介公司在居间过程中，要收取定金必须要有卖方的明确授权，最好是书面的，没有书面的，也要有其他证据证明卖方的授权行为。

咨询 121：买方按时支付定金，但卖方拒收定金，卖方的行为属于违约吗？

律师解答：《合同法》第一百〇七条规定："当事人一方不履行合同义务或

者履行合同义务不符合约定的，应当承担继续履行、采取补救措施或者赔偿损失等违约责任。”

卖方按时收取定金是合同要求业主承担合同义务，无正当理由不得拒绝履行。卖方无正当理由拒绝收取定金的行为属于不履行合同义务，应认定为违约行为。

律师建议：中介公司碰到此类情况时，应协助买方做好相应的证据收集和保全工作，如录音、录像、发催促履行通知函等，以免卖方故意拖延时间，等过了合同约定的定金支付日期后，以卖方拒收定金为由要求卖方承担违约责任。

咨询 122：签订买卖合同后，中介公司尚未将代收的定金转交给卖方，买方违约，卖方要求没收定金，中介公司是否需将定金转交给卖方？

律师解答：《中华人民共和国民法通则（2009 修正）》第六十三条规定：“公民、法人可以通过代理人实施民事法律行为。代理人在代理权限内，以被代理人的名义实施民事法律行为。被代理人对代理人的代理行为，承担民事责任。依照法律规定或者按照双方当事人约定，应当由本人实施的民事法律行为，不得代理。”

根据该规定，中介公司在经卖方授权的情况下代卖方收取的定金应认定卖方已经收到了该定金，定金条款已经发生了法律效力，虽然该定金仍保管在中介公司，但中介公司仅是代理行为，所有权应属于卖方，因此，当卖方要求中介公司交付其保管的定金时，中介公司应该接受委托人的指示，有义务将定金转交给卖方。至于房屋交易过程中买方是否违约或卖方是否有权没收定金，应该由交易双方当事人通过法律途径确认。

律师建议：中介公司在代收定金时，可告知买方是向卖方交定金，自己仅是卖方代理人身份，如日后产生定金纠纷，由买卖双方协商解决。中介公司最好也不要代收定金，如确实需要代收的，要及时交予卖方。

咨询 123：签订买卖合同后，中介公司尚未将代收的定金转交给卖方，卖方违约，买方要求中介公司退还定金，中介公司可否向买方退还定金？

律师解答：《中华人民共和国民法通则（2009 修正）》第六十三条规定："公民、法人可以通过代理人实施民事法律行为。代理人在代理权限内，以被代理人的名义实施民事法律行为。被代理人对代理人的代理行为，承担民事责任。依照法律规定或者按照双方当事人约定，应当由本人实施的民事法律行为，不得代理。"

根据该规定，中介公司只是代理人的身份，定金保管在中介公司，虽然尚未转付给卖方，但实际上所有权已归卖方，因此，除征得卖方的同意或授权外，中介公司无权私自决定是否要退还该定金，否则要对卖方承担相应的赔偿责任。

律师建议：买方若要求中介公司退还定金，中介公司应明确告知买方，该定金实际已属于卖方，中介公司无权进行决定，如需退还，应与卖方协商或通过法律途径向卖方进行追偿。

• • •

第三节　首期款支付

咨询 124：合同约定的首期款比例与银行贷款政策规定的首期款比例不符，该如何处理？

律师解答：合同约定的首期款比例违反银行贷款政策，可能导致银行贷款审批不通过或银行贷款审批的额度低于买方申请的额度，此时，若买卖双方通过协商对首付款比例达成新的一致意见，房屋买卖合同继续交易；若买卖双方不能就首期款比例达成一致，法院可能会以买卖双方对合同的重要条款存在争议无法达成一致，并导致合同无法继续履行，因此解除合同不是因买卖双方任何一方的原因导致的，故买卖双方互不负违约责任。因为首期款比例虽然违反了银行贷款政策，但系双方共同协商一致的结果，非任何一方的原因造成，买卖双方对此均负有责任。

律师建议：中介公司需加强对经纪人综合业务能力的培训，包括法律知识、银行贷款政策、国家限购政策、房产政策等，尤其是一些特殊房源的贷款比例，如混合结构商品房、房改房等。

咨询125：合同约定递件当日支付首期款，那么递件与支付首期款的先后顺序该如何确定？

律师解答：《合同法》第六十一条规定："合同生效后，当事人就质量、价款或者报酬、履行地点等内容没有约定或者约定不明确的，可以协议补充；不能达成补充协议的，按照合同有关条款或者交易习惯确定。"

《合同法》第六十七条规定："当事人互负债务，有先后履行顺序，先履行一方未履行的，后履行一方有权拒绝其履行要求。先履行一方履行债务不符合约定的，后履行一方有权拒绝其相应的履行要求。"

根据上述规定，该约定属于合同约定不明确，但原则上可以通过以下几个方面来分析：

（1）从该约定的字面理解来看，首期款的支付是在递件交易当日，即首先要确定递件交易的日期方能确定首期款支付日期，因此，可以理解为递件交易为先履行顺序，首期款支付为后履行顺序。

（2）从二手房买卖交易惯例来看，现行的通用做法是买卖双方去房管部门办理递件交易手续并领取回执后，买方当日即向卖方支付首期款。

（3）从交易风险和交易公平来看，办理递件交易手续并非就完全符合过户条件，只有在房管部门审核双方递件交易资料符合相关交易条件后，方才出具递件成功的回执，相对而言，递件交易成功后支付首期款更能保障交易双方的交易风险。

因此，在司法实践中，大多数法院会支持先递件交易后支付首期款的做法。

律师建议： 中介公司在签署合同时，应对该事项进行明确约定“递件交易成功并领取受理回执当天支付首期款”，以避免买卖双方产生纠纷而导致交易停滞甚至解除合同。

咨询126：为了配合买方办理按揭贷款，卖方在未收款的情况下提前向买方出具首期款收据，事后买方主张已付首期款，该如何处理？

律师解答： 在法律意义上来讲，收款收据是由收款人开具给付款人的已收款凭证。除非有相反证据证明付款人未付款，否则法院会以收款凭证为依据认定付款人已支付相应款项。

对于买方未付首期款，却凭卖方提前开具的首期款收据为由拒付首期款的，卖方需举证证明自己并未实际收到首期款，如卖方举证证明所开收据仅为配合买方办理贷款，买方实际并未支付首期款的，卖方不仅可要求买方支付首期款，而且还可追究买方拒付首期款的违约责任。

律师建议： 卖方不要出具此无真实付款行为的收据，如交易中确实需要卖方出具，应建议让买方在卖方所持收据底单上或是另签补充协议签名确认“该收据仅作贷款申请资料使用，不作为已支付首期款的凭证”或“以银行转账到账为准”，这样才能避免类似情况的发生。

第四节　网签

咨询127：什么是网签合同？

律师解答： 在房地产领域，网签就是交易双方签订合同后，到房地产相关部门进行备案，并公布在网上。网签是为了让房地产交易更加透明化，防止

“一房多卖”的情形发生。目前，在大部分城市都已经实施了网签制度，但依然有少部分的三四线城市还没有实施网签。

咨询128：二手房买卖是否必须网签以及网签的法律意义？

律师解答：网签目前大多是在经济较发达、房地产较为活跃的城市实施，法律法规并没有明文规定房屋买卖合同一定要进行网签，也并没有全国统一实施，是否实施跟当地房地产政策有关。而网签实际上是对房屋买卖的一种预告登记，是为了让房地产交易更加透明化，防止一房多卖。网签后即使卖方看到房价涨了想要毁约卖给第三方也必须注销原网签后才能进行，而注销网签一般需要买卖双方一起向房地产交易中心申请才能注销，即需要有买方的协助，否则卖方不能对已经网签的房子进行处置，相对保障了交易的稳定和安全。

咨询129：签完网签合同是否等同于过户？

律师解答：《物权法》第九条规定：“不动产物权的设立、变更、转让和消灭，经依法登记，发生效力；未经登记，不发生效力，但法律另有规定的除外。”

房屋过户是指采用法律规定的程序，把登记在一个人名下的房屋变更登记为另一个所有人的过程，取得不动产物权证书即在法律上完成过户交易。而网签仅是交易双方签订合同后，到房地产相关部门进行备案，并公布在网上的行为，其并没有发生不动产产权变更的效力，主要作用是防止卖方一房多卖，两者的性质是截然不同的，故而签完网签合同不等同于已经实现产权过户，网签仅是过户流程中的一个环节。

咨询130：网签合同与三方房屋买卖合同不一致时，以哪份合同为准？

律师解答：通常，网签合同是后于三方房屋买卖合同的，而且，网签合同是经过公示的，按我国现有法律规定及司法实践，合同效力是后合同优先于前合同，公示的合同优先于没有公示的合同，按此规则，当两份合同不一致时，在没有特别约定的情况下，是以网签合同为准的。但如果三方房屋买卖合同上明确约定，该合同若与网签合同不一致时，以该合同为准，则双方最终需要按三方房屋买卖合同来履行。

律师提醒：中介公司可在编制自己的三方房屋买卖合同时增加“本合同与房管部门签订的《存量房买卖合同》（网签合同）不一致时，以本合同为准”，这样可以规避网签合同与三方房屋买卖合同出现不一致时产生的争议。

咨询131：网签合同签署后，合同任何一方当事人能否单方撤销？

律师解答：《广州市存量房网上交易规则》第十五条规定：“通过网上交易系统签订存量房买卖合同后，经各方当事人协商同意变更或者解除该合同的，应当签订变更或者解除合同的书面协议，然后由签订合同的签约服务点或者房地产中介公司服务机构在网上交易系统办理变更或者撤下该合同的手续。”《北京市建设委员会关于全面推行存量房买卖合同网上签约有关问题的通知》第六条也做了类似的规定。

目前，我国的法律法规并未对网签合同的撤销（注销）做出明确规定，均由各地方出台相应的规则和办法，而根据上述规定我们可知，不管是通过中介公司成交的合同还是买卖双方自行成交的合同，一旦网签合同打印并签署，需要撤销网签的，均需要买卖双方书面同意方可撤销。

律师建议：网签合同签署后，无论哪方提出撤销网签，均须得到另一方的书面确认（如承诺书、同意书或协议书），若中介公司根据某方单方要求撤销网签，从而导致交易房屋被一房二卖或其他后果的，中介公司可能会承担过错赔偿责任。

第五节 赎契

咨询132：合同中注明交易房产存在抵押，但未注明由谁赎契，则赎契款应由谁承担？

律师解答：房屋赎契是指卖方在银行办理了按揭贷款手续（商业贷款、公积金、商业与公积金组合贷款、抵押贷款），在未还清银行贷款的情况下准备将物业出售，在过户给买方之前，卖方须先还清银行贷款并涂销抵押的行为。

在二手房买卖合同中，买卖双方可对哪一方负责出资赎契作出约定。有约定的从约定，没有约定的，由卖方负责清偿抵押房产上的债务，并涂销设立在交易房产上的抵押，因为作为卖方，其有义务保证该物业能顺利过户至买方名下。

因此，如无特殊约定，赎契应由卖方负责，包括负责申请还款、支付赎契款及办理涂销抵押登记手续。

> **律师建议：**由于赎契款往往较大，如未在合同中约定由谁赎契，在卖方没有准备的情况下，可能导致在合同约定的交易期限内无法筹资还款导致交易延期甚至无法交易。而且，买卖双方也容易因为由谁出资赎契而产生争议和纠纷，因此，中介公司在居间时，应在房屋买卖合同中对赎契款由谁支付、何时支付做明确的约定。

咨询133：合同约定由买方赎契，但买方又担心资金安全，买方的资金安全应如何保证？

律师解答：合同约定由买方赎契，通常的做法是，卖方向银行申请提前还款，银行批准后，会向卖方发出通知，通知其应于何时将还款存入还款账户中，银行进行扣款，提前还款的这笔款项就由买方提前支付给卖方或直接存入卖方的还款账户中。对于买方来说，其将赎契款付给卖方后，款项即不受控制，且房子涂销抵押后，卖方可随时自由交易，或可能由于卖方的债务问题导致房子被司法查封，所以买方难免会担心其资金安全。

律师建议： 如何最大限度地避免买方的法律风险？目前，二手房交易中，普通的做法是：首先要保证银行能够成功扣款，具体操作中，买方可与卖方协商持有卖方的还款银行卡，并要求卖方取消网上银行及手机银行业务；若卖方不同意买方持有其还款银行卡的，买方可在银行通知扣款当天将赎契款存入还款账号，以缩短款项在账户中留置的时间。其次是涂销抵押后，如何确保房子可顺利过户至买方名下的问题。建议买卖双方约定涂销抵押后以最短的时间办理过户登记手续，同时，可让卖方做公证委托，给予买方代为办理过户登记的授权；中介公司亦可根据买卖双方的指示办理网签。若万一发现卖方有任何变卦或不愿意继续履行合同的迹象，买方马上通过诉讼途径查封物业，以最大限度地保证买方的利益。

咨询 134：合同中约定由担保公司垫资赎契，未约定垫资所产生的手续费由谁承担，则垫资所产生的手续费应由谁承担？

律师解答：《合同法》第六十二条规定：“当事人就有关合同内容约定不明确，依照本法第六十一条的规定仍不能确定的，适用下列规定……（六）履行费用的负担不明确的，由履行义务一方负担……”

在房屋买卖合同中，卖方保证交易房屋过户给买方是其最基本的义务，对于房屋存在抵押影响房屋过户的，卖方有义务解除抵押，使房屋处于可过户的状态。因此，对于涂销抵押赎契所产生的费用，如果合同中未约定承担方，按照合同法的上述约定，应由负有赎契并涂销抵押的义务人——卖方来承担。

律师建议： 在存在抵押贷款的房屋买卖关系中，赎契问题是房屋买卖交易中的核心问题，中介公司应在房屋买卖合同中就由谁赎契、赎契所产生的费用由哪方承担作出明确约定以减少纠纷的发生。

咨询135：买方支付赎契款后，卖方将赎契款挪作他用，买方如何防范风险？

律师解答：《合同法》第六十条规定：“当事人应当按照约定全面履行自己的义务。”《合同法》第一百〇七条规定：“当事人一方不履行合同义务或者履行合同义务不符合约定的，应当承担继续履行、采取补救措施或者赔偿损失等违约责任。”

按照上述规定，在房屋买卖合同中，买卖双方应严格按照约定履行各自的合同义务。卖方挪用该款项未用于提前还款，很显然是未按合同约定履行合同义务的违约行为，应按合同约定的违约责任承担方式承担违约责任。再者，如因卖方挪用款项导致合同履行不能的，买方还有权解除合同，但因卖方已将款项挪作他用，即使卖方需承担违约责任，但买方仍面临卖方无法退还、定金、购房款及赔偿违约金的风险。这种情况下，事前防范就显得尤为重要。

律师建议：

为防范上述提到的风险，中介公司在居间时，可建议买方采取以下保障措施：

（1）在签署合同时明确约定由买方垫资赎契，卖方保证将该款项用于涂销抵押，并提供保证或提供动产质押或另外提供不动产作抵押。

（2）银行同意赎契后，在扣款当天，买卖双方一起到贷款银行，由买方一次性支付赎契款并要求银行当即扣款。

（3）买卖双方开设卖方名义的共管账户，并要求银行将该账户变更为还款账户，由银行直接从该共管账户划扣贷款。

咨询136：合同约定的买方支付赎契款日期已到，但卖方尚未按合同约定向银行申请提前还款，买方是否必须支付该赎契款？

律师解答：《合同法》第六十六条规定：“当事人互负债务，没有先后履行顺序的，应当同时履行。一方在对方履行之前有权拒绝其履行要求。一方在对方履行债务不符合约定时，有权拒绝其相应的履行要求。”第六十七条规定：“当事人互负债务，有先后履行顺序，先履行一方未履行的，后履行一方有权拒绝其履行要求。先履行一方履行债务不符合约定的，后履行一方有权拒绝其相应的履行要求。”

在房屋买卖合同中，如果约定卖方向银行申请提前还款的时间在先，买方支付赎契款的日期在后，买方可根据《合同法》第六十七条的规定履行先履行义务抗辩权，要求卖方履行完毕申请提前还款的义务后，再履行支付首期款的义务。如果卖方向银行申请提前还款的时间与买方支付赎契款的履行时间无先后顺序，买方也可要求同时履行，买方在卖方履行向银行申请提前还款之前有权拒绝支付赎契款。因此，卖方尚未按合同约定向银行申请提前还款，即使合同约定的买方支付赎契款日期已到，买方也有权不支付赎契款。

律师建议：中介公司在碰到这种情况时，可协助买方催促业主履行向银行申请提前还款的义务，如果买方担心不支付首期款会构成违约的，中介公司方也可建议买方将首期款提存，并催促业主履行向银行申请提前还款的义务。

●●●●●●

第六节　按揭贷款

咨询137：房价100万元，买方通过报高房价的方式从银行获批90万元的贷款额度，但卖方却认为买方的同贷书违反了银行政策拒绝递件交易，卖方的行为是否构成违约？

律师解答：《中华人民共和国刑法》（以下简称《刑法》）第一百七十五条之一规定：“以欺骗手段取得银行或者其他金融机构贷款、票据承兑、信用证、保函等，给银行或者其他金融机构造成重大损失或者有其他严重情节的，处三年以下有期徒刑或者拘役，并处或者单处罚金；给银行或者其他金融机构造成特别重大损失或者有其他特别严重情节的，处三年以上七年以下有期徒刑，并处罚金。”《合同法》第六条规定：“当事人行使权利、履行义务应当遵循诚实信用原则。”

在二手房买卖过程中，买方首期款不够或炒房者为套取现金，往往通过向银行提供超过真实房价的房屋买卖合同以期银行批复超过政策限定比例的贷款，根本目的是向银行套取更多现金，其行为不仅违反了诚实信用的商业原则，也违反了银行的信贷政策，如果买方套取银行贷款后无力还款或因楼价下跌而不愿意还贷，给银行造成重大损失，有可能构成骗取银行贷款罪，需要承担刑事责任。

因此，买方通过虚高房价的形式向银行获得超过国家信贷政策限定比例的贷款，卖方拒绝递件交易，是遵循诚实信用原则来履行合同的，其拒绝行为不构成违约。相反，若买方坚持以此为由拒不履行合同义务，则买方的行为将构成违约。

> **律师建议：**中介公司在居间时，不仅不能建议买方以虚高房价的形式向银行贷款，而且，在中介公司也不能配合买方提供虚假的房屋买卖合同等资料，更不能冒充卖方在相关资料中签名，否则，一旦出现问题，轻则陷入民事纠纷，重则可能和买方构成骗取银行贷款罪的共犯。

咨询 138：银行审批的贷款金额少于买方申请的贷款额度，买方又无能力以现金形式补足余款的，买方是否有权解除买卖合同？

律师解答：《合同法》第九十四条规定：“有下列情形之一的，当事人可以解除合同……（三）当事人一方延迟履行主要债务，经催告后在合理期限内仍未履行；（四）当事人一方迟延履行债务或者有其他违约行为致使不能实现合同目的……”

在房屋买卖合同中，支付房款是买方最主要、也是最基本的义务，在银行审批贷款金额少于买方申请贷款的额度时，买方有义务以现金形式补足该差额部分，若买方无力以现金形式补足该差额部分又不能和卖方协商一致达成新的房屋付款方式，合同将无法继续，合同目的将无法实现且合同目的无法实现的原因是买方造成。

根据合同法的上述规定，在合同目的不能实现时，卖方是有权解除买卖合同的，并有权要求买方承担因违约行为给其造成的损失及违约责任。

律师建议：此类情形在现实中普遍存在，因此，中介公司在居间时，一方面，可告知买方在选择银行贷款方式支付房款时可能存在的风险，尽可能地配合提供符合银行要求的资料；另一方面，可建议买卖双方在合同中约定明确出现该情况的处理方式，如“买卖双方同意解除合同，互不追责”或“合同解除，卖方有权没收定金并不再追究买方其他责任”。

咨询 139：买方第一次申请银行贷款未获审批的情况下，要求到其他银行重新办理申请贷款手续，卖方不愿意配合，卖方行为是否构成违约？

律师解答：《合同法》第六十条规定：“当事人应当按照约定全面履行自己的义务。当事人应当遵循诚实信用原则，根据合同的性质、目的和交易习惯履行通知、协助、保密等义务。”因此，在履行合同的过程中，不管是买方还是卖方，都应在对方履行合同时给予协助。

问题中所提及的情况需分不同情形讨论：第一种情形，买卖合同中有约定合同履行期限，且买方要求卖方协助到银行重新办理申请贷款手续还在合同的履行期限内，卖方应协助办理。如果履行期限已到，买方需要重新申请银行贷款，卖方有权拒绝配合。第二种情形，买卖合同中并未约定明确的合同履行期限，卖方应给予买方一个合理的期限办理银行贷款并予以协助，在合理期限内买方仍无法成功办理的，卖方有权追究买方的违约责任。

律师建议： 为预防买方无限期、无限次申请银行贷款，从而导致交易被无限期拖延的，中介公司在居间时，应提醒买卖双方对于取得银行同贷书的时间或者交易完成的时间进行明确约定，以保证合同的顺利履行。

咨询 140：由于银行年底资金紧张未及时放款，导致卖方收到银行贷款时超过了合同约定的收齐楼款时间，卖方要求追究买方的违约责任，能得到法院支持吗？

律师解答：《最高人民法院关于适用〈合同法〉若干问题的解释（二）》第 26 条规定："合同成立以后客观情况发生了当事人在订立合同时无法预见的、非不可抗力造成的不属于商业风险的重大变化，继续履行合同对于一方当事人明显不公平或者不能实现合同目的，当事人请求人民法院变更或者解除合同的，人民法院应当根据公平原则，并结合案件的实际情况确定是否变更或者解除。"

根据上述规定，由于买卖双方在合同履行过程中都没有延迟履行或怠于履行办理按揭贷款的手续，买方未能按时收到购房尾款是由于银行年底资金紧张未能及时放款，非因买方过错造成，应以"不可归责于当事人双方的事由"来确定，因此，若卖方以此为由追究买方的违约责任，是很难得到法院支持的。

• • • • • • •

第七节　过户递件

咨询 141：二手房买卖中过户递件的定义与效力？

律师解答： 我国的法律法规并没有对递件进行明确的定义，通常而言，二手房买卖过程中的"递件"是买卖双方向房地产交易登记部门递交房地产买卖申请，把买卖双方的交易资料交给房地产交易部门审核的一个交易流程，是二手房买卖必需的一个交易步骤。但它也仅仅只是一个交易流程和步骤，并不产生必然过户的法律效力，能否过户还要看房地产交易登记部门审核的结果。

咨询 142：如何理解合同中约定的“过户递件成功”？

律师解答：过户递件成功是指买卖双方向房地产交易登记部门递交房地产买卖申请，交易部门收取所递交资料，经审核认为买卖双方所递交的资料初步符合交易条件后向买方（卖方）开具收件回执即表示过户递件成功。但即便过户递件成功，也不代表就必然会产生过户的法律效力，如房地产交易登记部门在审核过程中，发现交易物业被司法查封的、买卖双方提供的资料存在不符合交易条件或虚假的情形，可做退件处理。

律师建议：中介公司在居间过程中，要提醒买卖双方：1. 双方递交过户交易资料并收取回执才算过户递件成功；2. 过户递件成功只表示买卖双方的过户交易资料符合过户的表面形式，也可能存在过户不了的情况。

咨询 143：过户递件成功是否意味着房屋已实际完成过户？

律师解答：《物权法》第九条规定：“不动产物权的设立、变更、转让和消灭，经依法登记，发生效力；未经登记，不发生效力，但法律另有规定的除外。”

过户是指将登记在原所有权人名下的房屋变更登记为新所有权人，并完成产权变更登记手续。因此，在二手房买卖中只有当房管部门将房屋所有权变更登记为新的所有权人时才能说明真正的过户成功。而在房管部门完成递件交易的手续，仅仅是过户手续的一个环节，房管部门接受买卖双方的递件材料后还要进行必要的审核，如果双方的资料不齐或不符合过户交易的条件，房管部门是可以做退件处理并不予以办理产权变更登记手续的，因此，过户递件成功仅是指房管部门正式受理了买卖双方递交的交易过户资料，其只是过户的一个前置程序，并不意味着房屋已实际完成过户。

咨询 144：卖方不想继续交易，要求单方撤回递件交易资料，买方应该怎么办？

律师解答：目前，我国的法律法规并没有对此做出明确的法律规定，各地方房管部门均有自己的地方政策，但为了保障房地产交易市场的稳定和降低交易风险，大多数地方房管部门均明确要求买卖双方共同到场申请才可撤回已递交的交易资料，但也存在个别地区可以单方撤回递件交易资料的情况。

> **律师建议：**对于卖方单方要求撤回已递交的交易资料构成违约的，中介公司应提醒买方，一旦发现卖方向房地产交易登记部门申请撤回已递交的交易资料，买方应第一时间向房地产交易登记部门申请异议登记，并立即向法院提起诉讼并采取财产保全措施，防止卖方再将交易房屋售与他人或进行抵押。

第八节 交易税费及其他费用承担

咨询 145：合同中约定，因房屋交易产生的税费全部由买方承担，该约定是否违反国家税收政策？

律师解答：《合同法》第五十二条规定：“有下列情形之一的，合同无效：（一）一方以欺诈、胁迫的手段订立合同，损害国家利益；（二）恶意串通，损害国家、集体或者第三人利益；（三）以合法形式掩盖非法目的；（四）损害社会公共利益；（五）违反法律、行政法规的强制性规定。”第四条规定：“当事人依法享有自愿订立合同的权利，任何单位和个人不得非法干预。”

基于以上规定，交易双方约定税费由买方全部承担的条款，是出于双方意思表示而签订的民事合同。这种条款的实质是对纳税主体进行转移，并没有减少国家税收收入。而关于缴纳税收的纳税主体转移的情况，并不属于《合同法》第五十二条第（一）项、第（二）项、第（三）项和第（四）项规定的合同无效的情形。《税务登记管理办法》、《税收征管法》及《实施细则》均明确规定了纳税义务人，但均没有禁止纳税人不得约定税款由他人承担的规定。

最高人民法院公告案例“山西嘉和泰房地产开发有限公司与太原重型机械（集团）有限公司土地使用权转让合同纠纷案”中认定，“虽然我国税收管理方面的法律法规对于各种税收的征收均明确规定了纳税义务人，但是并未禁止纳税义务人与合同相对人约定由合同相对人或第三人缴纳税款。税法对于税种、税率、税额的规定是强制性的，而对于实际由谁缴纳税款没有做出强制性或禁止性规定。故《补充协议》关于税费负担的约定并不违反税收管理方面的法律法规的规定，属合法有效协议”。因此，在房屋买卖合同中约定交易过户产生的税费由买方支付的条款是合法有效的。

咨询 146：合同中虽有约定交易税费由买方承担，但未明确约定因政策变化导致税费增加由谁承担，则因政策导致增加的税费应由谁承担？

律师解答： 根据《合同法》第六十一条的规定：“合同生效后，当事人就质量、价款或者报酬、履行地点等内容没有约定或者约定不明确的，可以协议补充。不能达成补充协议的，按照合同有关条款或者交易习惯确定。”

合同中对因政策变化导致税种或税费标准变化而产生（增加）的税费由哪方承担未明确约定，属于约定不明。根据上述法律规定，对于税费负担未约定或约定不明，经协商不能达成补充协议的，应按照税务部门对各类税种及纳税义务人的明确规定确定税费承担人。但在司法实践中，也有部分案例，法院认为既然在合同中有约定房屋交易税费由买方承担，那么，在没有特别约定的情况下，因政策变化导致税种或税费标准变化而增加或减少的税费仍应由买方承担。

律师建议：中介公司在编制房屋买卖合同时，应在合同中载明“为本次交易而按规定向有关政府部门支付一切税费方式为买卖双方各自承担【 】，卖方承担【 】，买方承担【 】。在本合同履行过程中因政府部门原因发生税费种类及标准的变化，则由买卖双方各自承担【 】，卖方承担【 】，买方承担【 】”。

咨询147：合同未约定物业维修基金的承担主体，物业维修基金应由谁承担？

律师解答：物业维修基金是依据有关法规筹集的用于新商品房（包括经济适用住房）和公有住房出售后的共用部位、共用设施设备维修之用的专门款项。一手房交易过程中，物业维修基金一般在交楼之前由买方向开发商或物业管理公司缴纳，由开发商或物业管理公司代为保管。而在二手房买卖过程中，法律对于物业维修基金由谁承担没有明确的规定，因此在现实操作中存在很多争议，但在司法实践中，由于二手房是以现状交易的，司法机关普遍采取的观点是，成交之前卖方已经缴纳的维修基金连同物业一并转让给买方，卖方应配合买方办理物业维修基金的过户手续。成交之前卖方尚未支付或未全额支付的，由买方承担支付义务。

律师建议：中介公司可在房屋买卖合同中明确约定：“此价格已包括卖方自买入该物业后至本次出售前已产生及已支付之一切费用（包括维修基金、煤气管道、电话、网络使用费、有线电视初装费、装修费用等），卖方已经缴纳物业维修基金的，视为连同物业一并转让给买方，并配合买方办理过户手续；若卖方未缴纳物业维修基金的，则由买方负责缴纳。”

咨询148：合同约定的价格为卖方实收价，在交易过程中，发现卖方未缴清土地出让金，则该土地出让金由谁承担？

律师解答：即便合同中约定，因房屋买卖交易产生的税费由买方全部承担，但卖方未缴清的土地出让金并不属于在本次交易中产生的税费，而属于卖方交易过户前应结清的债务，即使在合同中约定业主方实收价格，其仍应对交易过户前应结清的债务进行先行清偿以保证合同的继续履行。

在司法实践中，有些法院认为，卖方在交易前未明确披露该信息，对于买方属于重大误解，根据《最高人民法院关于贯彻执行〈中华人民共和国民法通则〉若干问题的意见》第七十一条的规定，重大误解是指行为人因对行为的性质、对方当事人、标的物的品种、质量、规格和数量等的错误认识，使行为的后果与自己的意思相悖，并造成较大损失的行为。根据《合同法》第五十四条的规定，因重大误解订立的合同，当事人一方有权请求人民法院或者仲裁机构变更或者撤销。因此，该房屋买卖合同可能会被变更或撤销。

律师建议：中介公司在编写房屋买卖合同时，应注明“卖方应在该物业正式交付使用前，缴清所有该物业名下发生的欠款及应付费用（如欠土地出让金或税费、债务及水电、煤气、电话、网络使用、电视天线、管理费等费用）”，以减少或避免此类的纷争。

咨询149：合同中约定卖方应在交楼前结清相关费用，该费用包含哪些内容？是否需要列明？

律师解答：交楼前未结清的费用属于卖方的债务，在交楼前结清相关的费用是卖方的法定义务，因此，合同中应罗列由卖方结清的相关费用的种类。

律师建议：由于相关费用的种类比较多，难以对所有的项目罗列齐全，中介公司可在房屋买卖合同中列明“卖方在交楼前应结清相关的费用，包括但不限于水电费、煤气费、电视费、供热费、电话费、网络费用、物业管理费等，并应付清使用房屋所产生的其他相关费用”。

咨询 150：卖方原口头同意配合买方报低房价以减少税费，但到报税时却反悔，不愿意配合报低房价，卖方的行为构成违约吗？

律师解答：《中华人民共和国税收征收管理法》第六条规定：“纳税人、扣缴义务人和其他有关单位应当按照国家有关规定如实向税务机关提供与纳税和代扣代缴、代收代缴税款有关的信息。”第六十四条规定：“纳税人、扣缴义务人编造虚假计税依据的，由税务机关责令限期改正，并处五万元以下的罚款。”

根据上述规定可知，纳税是每个公民的法定义务，买卖双方报低房价以减少税费的行为，实际上是偷税漏税的违法行为。因此，即便卖方原本同意配合买方报低房价以减少税费，这种约定因违反法律法规强制性的规定，属于无效的约定，而且，一旦真的实施，还可能会因偷税漏税受到行政处罚，情节严重的，还可能被追究刑事责任。

因此，卖方在报税时反悔，不愿报低房价的，不属于违约行为；相反，买卖双方有义务按房屋真实价格进行报税。

> **律师建议：**为避免产生不必要的法律纠纷和承担相应的法律责任，中介公司在居间时，不仅要提醒买卖双方要如实以真实交易价格申报纳税，更不能建议或协助买卖双方虚假报税，否则中介公司也有可能要承担相应的法律责任。

咨询 151：房屋买卖已完成缴纳税费手续但尚未出新证，现法院判决撤销或解除该房屋买卖合同，已缴纳的税费能否退还？

律师解答：《合同法》第五十六条规定：“无效的合同或者被撤销的合同自始没有法律约束力。合同部分无效，不影响其他部分效力的，其他部分仍然有效。”

《合同法》第五十八条规定：“合同无效或者被撤销后，因该合同取得的财产，应当予以返还；不能返还或者没有必要返还的，应当折价补偿。有过错的一方应当赔偿对方因此所受到的损失，双方都有过错的，应当各自承担相应的责任。”

《合同法》第九十七条规定：“合同解除后，尚未履行的，终止履行；已经履行的，根据履行情况和合同性质，当事人可以请求恢复原状或者采取其他补救措施，并有权要求赔偿损失。”

根据上述法律规定，房屋买卖合同被法院判决撤销后，视为自始不发生法律效力，而二手房交易过程中税费的缴纳是以二手房过户这一行为为前提的，现该次过户交易也就不可能实际发生，税费缴纳的依据和前提也就不存在了，因此，已缴纳的税费应予以退还；房屋买卖合同被解除后，由于过户手续最终没有完成，缴纳税费的前提也还没有成就，已缴纳的税费也是可以要求退还的。

律师建议：中介公司在房屋买卖合同中应对合同被法院判决或仲裁机构裁决无效、被撤销、解除后税费的承担和退还以及各自的配合义务进行约定，同时，确实出现上述情况时，中介公司也应协助买卖双方办理退还税费的手续。

咨询 152：卖方曾口头承诺房屋满五年且为唯一物业，但交税时发现并非卖方唯一物业，则对于因此增加的税费买方可否要求卖方承担？

律师解答：《合同法》第一百〇七条规定：“当事人一方不履行合同义务或者履行合同义务不符合约定的，应当承担继续履行、采取补救措施或者赔偿损失等违约责任。”

若买方有证据证明卖方在洽谈过程中确实承诺过交易房屋满五年且为唯一物业，那么，该承诺为卖方真实意思表示，具有法律约束力。买方基于卖方的该承诺而签订合同的，可预见的税费是该物业满五年且为唯一物业所需缴纳的税费。现交税时发现卖方在外地还有其他物业，这表明卖方构成了虚假承诺，因此导致交易房屋应缴纳的税费比预期大幅增加的，增加的税费应由卖方承担。

律师建议：针对卖方口头承诺的情形，中介公司应在买卖合同中对该承诺进行明确记载，同时，应对卖方的该口头承诺进行录音录像进行取证。另，中介公司在居间时应提醒卖方切实核实清楚该房屋是否为其唯一物业，包括卖方在本地或外地的物业。若不是，应明确告知买方；若是，应在房屋买卖合同中明确写明卖方承诺交易房屋满五年且是唯一物业。

第九节　交楼

一、交楼时的户口问题

咨询 153：物业户口迁移在合同中该如何约定？

律师解答：户口迁移属于国家行政机关管理的范畴，不属于法院受理的范围，一般法院都不会受理买方单独就户口迁移提起的诉讼。当买卖合同双方因物业户口迁移问题产生纠纷起诉至法院时，法院不会强制迁移户口，而只能按合同约定要求对方赔偿逾期迁移户口所产生的违约金。

律师建议：在签订房屋买卖合同时，为更好地维护买卖双方的利益，中介公司应在合同中约定卖方迁出户口的具体时间，逾期不迁出所应承担相应的违约责任。也可以约定，预留一部分房款，待卖方迁出户口后买方再支付该部分房款。

咨询 154：合同没有约定户口迁移问题，卖方拒绝迁出户口，中介公司及买方该如何处理？

律师解答：《合同法》第六十一条规定："合同生效后，当事人就质量、价款或者报酬、履行地点等内容没有约定或者约定不明确的，可以协议补充；不能达成补充协议的，按照合同有关条款或者交易习惯确定。”第六十二条规定“当事人就有关合同内容约定不明确，依照本法第六十一条的规定仍不能确定的，适用下列规定……（四）履行期限不明确的，债务人可以随时履行，债权人也可以随时要求履行，但应当给对方必要的准备时间。”

参照上述规定，房屋买卖合同中对户口没有约定的话，买卖双方可以就户口问题进行协商，协商一致可以签订补充协议。协商不一致，从交易习惯和买方购买该房屋的目的来看，一般而言，户口具有很强的附属性，房屋过户到买方名下后，买方户口才可能迁入，因此，购房迁入户口往往是买方购买房屋的目的之一，而且，这基本符合二手房买卖交易中普通购房者的要求，符合大多数人的交易习惯。因此，买方可以要求卖方迁出户口，卖方拒绝迁出的，买方或中介公司应及时发出催促履行通知函，要求卖方在一定的期限内迁出户口，给予业主必要的准备时间。

律师建议：

（1）中介公司在编制房屋买卖合同时应有关于户口迁移及其相应违约责任的约定条款，如“卖方承诺于某年某月某日前或过户交易手续完成之日起几日内迁出该房屋名下的所有户口”。

（2）若合同里没有约定户口问题，事后卖方又拒绝迁出户口的，中介公司或买方应及时发出催促履行通知函，要求卖方在一定的期限内迁出户口。

（3）鉴于单独就户口迁移问题向法院提起诉讼，法院通常以不属于法院管辖范围为由不予立案，因此，即便诉讼，也只能要求卖方承担相应的民事赔偿责任。

咨询 155：合同约定了卖方需要迁出户口，但没有约定具体迁出时间，卖方借故拖延迁出户口的，中介公司及买方该如何处理？

律师解答：《合同法》第六十一条规定：“合同生效后，当事人就质量、价款或者报酬、履行地点等内容没有约定或者约定不明确的，可以协议补充；

不能达成补充协议的，按照合同有关条款或者交易习惯确定。”第六十二条规定：“当事人就有关合同内容约定不明确，依照本法第六十一条的规定仍不能确定的，适用下列规定……（四）履行期限不明确的，债务人可以随时履行，债权人也可以随时要求履行，但应当给对方必要的准备时间。”

根据上述规定，合同没有约定卖方具体迁出户口的时间，属于约定不明确，买卖双方应就户口迁出的时间进行协议补充，如果达不成补充协议，可以根据合同签订的目的及相关条款来确定，如学位房，买方购买该房屋的目的是小孩入学，因此，卖方应在买方小孩入学前将户口迁出。而且，根据一般理解和一般大多数人的交易习惯，在房屋过户完成后卖方应将户口及时迁出，因此，如果双方就户口履行期限约定不明确的，权利人（买方）可随时要求义务人（卖方）迁出户口，但要给卖方必要的准备时间。

咨询 156：交楼后，买方发现购买的学位房学位被占用了，买方该如何处理？

律师解答：《合同法》第九十四条规定：“有下列情形之一的，当事人可以解除合同：（一）因不可抗力致使不能实现合同目的；（二）在履行期限届满之前，当事人一方明确表示或者以自己的行为表明不履行主要债务；（三）当事人一方迟延履行主要债务，经催告后在合理期限内仍未履行；（四）当事人一方迟延履行债务或者有其他违约行为致使不能实现合同目的；（五）法律规定的其他情形。”

合同目的，是指合同双方通过合同的订立和履行最终所期望得到的东西或者达到的状态。而买房人购买学位房的目的就是孩子能获得相应学位，就读比较理想的学校，这是买房人购买学位房的根本目的。学位对于学位房具有高附加价值，对比周边非学位房，学位房房价是明显高过非学位房的，因此，学位被占用，属于原业主违约的事实，买方可要求原业主立即退出被占用的学位，并按合同约定向买房人支付违约金，若原业主无法清退所占用的学位，且由于合同的目的无法实现，买方有权要求解除合同并要求原业主承担违约责任。

二、交楼保证金

咨询 157：交楼保证金的作用是什么？

律师解答：在交楼过程中，卖方往往容易出现各种瑕疵问题，常常会让买方面临不必要的麻烦，比如水电费欠费未缴、物业管理费未交等，而此时通常产权已经过户，卖方也往往表现出拖延甚至是不配合的情形。因此，中介公司在编制合同版本时，大多都有设定卖方支付部分款项作为交楼保证金的合同条款。因此，交楼保证金，实际就是在签买卖合同时，卖方事先交付给中介公司一笔现金，由中介公司进行保管并授权中介公司在出现水电费欠费未缴、物业管理费未交情形时可直接以交楼保证金代卖方支付交楼前业主所欠的款项，否则无息退回，这样可以保障交楼时更加顺利。

咨询 158：交楼保证金属于楼款的一部分吗？

律师解答：交楼保证金属于卖方为保证日后顺利交楼自愿交付的款项，如果交楼时没有发生欠水电费、煤气费、物业管理费等问题，则该保证金需要无息退还给卖方本人。楼款为买方购买物业所需支付的对价，两者支付的主体不一致，且支付目的也不同，故交楼保证金并非楼款的一部分。

咨询 159：交楼保证金可以直接抵扣中介费吗？

律师解答：《合同法》第九十九条规定："当事人互负到期债务，该债务的标的物种类、品质相同的，任何一方可以将自己的债务和对方的债务抵销，但依照法律规定或按照合同性质不得抵销的除外。当事人主张抵销的，应当通知对方。通知到达对方时生效，抵销不得附条件或期限。"

根据该规定，如果双方互负债务且符合下列条件，则可以相互抵销：

（1）当事人双方互负债务，互享债权，并且这两个债务都是合法有效的。

（2）这两个债务所指向的标的物的种类、品质相同。

（3）这两个债务都已届清偿期。

（4）依据债务的性质应当是能够抵销的。

由于中介公司应返还的交楼保证金和卖方应付的居间服务费均为金钱债务，且均到了应该支付的期限，因此，中介公司要想用交楼保证金直接抵扣中介公司费必须在买卖双方顺利交楼后，交楼保证金按照约定应该退还给卖方，此时如果卖方还没有支付中介公司费并且已到履行期限，卖方与中介公司互负债务，可以主张相互抵销，但该抵销的主张必须通知到卖方。

咨询 160：交楼过程中，买卖双方就交易物业产生的欠款由谁承担出现争议，业主要求退还交楼保证金，买方要求用该交楼保证金支付欠款，中介公司该如何处理？

律师解答：交楼保证金是业主支付给中介公司，中介公司代为保管，作为交楼时结清所有款项的担保，由中介公司视情况将该保证金退回业主或代为转交给买方以做赔偿使用。但交楼过程中，买卖双方产生争议，该争议欠款究竟该由谁支付，交楼保证金是退还给业主还是交买方抵作争议款项，中介公司无法判断也无权判断。因此，此时中介公司应该建议买卖双方通过协商来解决，协商不了，买卖双方可以通过法律途径确认该欠款应由谁承担。一旦法院出具生效的法律文书，再根据判决书上认定的结果判断决定是退回业主还是交给买方。

律师建议：不建议中介公司代为保管交楼保证金，更不能擅做主张，擅自处分交楼保证金，同时，还应在合同中对交楼前业主应承担的费用项目做出详细列举。

三、交楼方式注意事项

咨询 161：如果卖方拒绝按合同约定的期限交楼，买方可以“撬锁收楼”吗？

律师解答：《物权法》第三十九条规定：“所有权人对自己的不动产或者动产，依法享有占有、使用、收益和处分的权利。”据此规定，房屋在交楼前已经过户到买方名下，买方已依法取得交易房屋的所有权，其作为所有权人，是有权对自己的房屋享有占有、使用和处分的权利，因此，当卖方拒绝按合同约定的期限交楼时，买方是有权“撬锁收楼”的。

律师建议：鉴于卖方还可能有私人的物品存放在交易房屋之内，买方如果贸然强行“撬锁收楼”，可能引起其他争议和纠纷，还是谨慎选择“撬锁收楼”，应尽量通过以下方式处理：首先，可以通过中介公司进行协商或协调，敦促卖方按期交楼；其次，可以发律师函或催促函给卖方，要求其按合同约定来交楼；再次，可通过诉讼强制要求卖方交楼，并要求其承担违约赔偿责任，这是较为常规和稳妥的方案；最后，如买方急于收楼，一定要实施“撬锁收楼”的行为，可以报警，并要求物业公司、街道办或居委会，当着警察的面进行“撬锁收楼”，同时，应对卖方的私人遗留物品进行登记造册，并进行录像，以确定收楼时卖方的私人物品的种类、数量，为日后可能发生的诉讼保留相关证据。

咨询 162：中介公司能不能帮买方做“撬锁收楼”的见证？

律师解答：《民法通则》第七十一条规定：“财产所有权是指所有人依法对自己的财产享有占有、使用、收益和处分的权利。”

根据上述规定，该房屋已过户，买方已成为房屋所有权人，买方有权对自己的财产享有占有、使用、收益和处分的权利，在这种情况下，买方“撬锁收楼”是行使所有权的表现。但是，需要注意的是，如果物业内还有原业主的私人物品就一定要注意收楼的方式，最好请公证人员进行公证收楼。如果买方没有进行公证收楼，仅是让中介公司作为收楼行为的见证方，因中介公司在房屋买卖中不具有中立性，“撬锁收楼”的见证效力不大，可建议客户报警，让警察或是通知物业管理公司共同参与交楼。否则，最后导致原业主房屋内个人财产遭受损失的，中介公司作为收楼的参与方有可能承担相应的法律后果。

律师建议： 中介公司不能单独帮买方做“撬锁收楼”的见证，应建议买方通过法律途径进行收楼，更有利于保护自身权益。

咨询163：卖方收齐楼款后，将钥匙交与中介公司，要求中介公司直接与买方办理交楼手续，中介公司代卖方交楼存在哪些风险？

律师解答： 交楼是卖方的法定义务，但二手房交易的房屋易存在房龄长、设备老旧，部分还存在漏水等房屋瑕疵问题，而且，很多是带有一定的家私家电的，交楼时往往容易出现纠纷。如果中介公司收取钥匙并代卖方交楼，等于在交楼前与卖方形成了保管关系，而一旦交楼时出现纠纷，买方很可能会拒绝收楼。通常，买方找不到卖方的情况下，会认为既然中介公司代表卖方交楼，出现问题，中介公司就应该承担责任；而对卖方而言，认为既然自己已经把钥匙交给中介公司，中介公司也收取了钥匙，等于自己已经履行了交楼的手续，其不应承担逾期交楼的违约责任，逾期交楼应由中介公司来承担法律责任。因此，中介公司收取钥匙代卖方交楼，存在诸多法律风险，很容易成为被追究责任的对象。

律师建议： 中介公司不要代卖方进行交楼，即便要代卖方交楼，也要卖方出具书面授权委托书且应载明因交楼产生的所有法律责任由卖方承担，并告知买方中介公司只是卖方交楼的代理人，因代交楼房产生的纠纷应由其双方自行解决。

咨询 164：卖方未按约定配合买方办理水电、煤气等过户手续，买方是否有权拒绝收楼并要求卖方按合同约定承担违约责任？

律师解答：《合同法》第一百〇七条规定：“当事人一方不履行合同义务或者履行合同义务不符合约定的，应当承担继续履行、采取补救措施或者赔偿损失等违约责任。”

根据上述规定，通常中介公司提供的房屋买卖合同版本中都会约定业主需要配合买方办理水电、煤气等过户手续，如果卖方未按合同约定配合买方办理水电、煤气等过户手续，显然属于违约行为，但买方是否就可以以此为由拒绝收楼并有权要求卖方每日按总楼价的千分之一的违约标准支付违约金呢？司法实践中，法院通常会查明相关事项，比如，水电、煤气等暂时不过户是否影响买方所购买房屋的正常使用，如果实际影响到了，法院会认为买方有权拒绝收楼并可要求按合同约定的违约标准承担违约责任。如果买方可正常使用房屋，法院通常会判决卖方配合买方办理水电、煤气等过户手续，同时，会适当支持买方要求卖方承担违约责任的诉求。

咨询 165：卖方交楼前将合同中约定需要附送的家私家电搬走，买方是否有权拒绝收楼并要求业主按合同约定承担迟延履行的违约责任？

律师解答：《合同法》第一百〇七条规定：“当事人一方不履行合同义务或者履行合同义务不符合约定的，应当承担继续履行、采取补救措施或者赔偿损失等违约责任。”

根据上述规定，卖方交楼前将合同约定需要附送的家私家电搬走，卖方的行为构成违约，买方可依法追究卖方的违约责任。买方追究卖方的违约责任时，合同有约定的按合同约定处理。合同对此情况未作出明确约定的，根据法律规定，买方有权拒绝收楼，待卖方满足约定的交楼条件时再收楼，同时买方还有权要求卖方承担迟延履行的违约金；买方也可以选择先收楼，再根据实际的损失要求卖方承担赔偿损失的责任。

> **律师建议：**第一，房屋买卖合同约定卖方赠送家私家电的，对于家私家电的清单，买卖双方应详细约定，最好连家私家电的型号也详细标明；第二，对于卖方未按约定赠送家私家电的情况，避免责任不明确，买卖双方可以在房屋买卖合同中约定此种情况下，买方可拒绝收楼并要求卖方按合同约定承担迟延履行的违约金。

咨询 166：在房屋符合交房条件的情况下，买方逾期收房的，逾期收房期间所产生的物业管理费等相关费用应由谁承担？

律师解答：《合同法》第一百〇七条规定："当事人一方不履行合同义务或者履行合同义务不符合约定的，应当承担继续履行、采取补救措施或者赔偿损失等违约责任。"

根据该规定，房屋符合交房条件，因买方原因逾期收房的，属于买方违约，买方逾期收房期间所产生的物业管理费等相关费用应当由逾期收房的买方承担。

四、交楼后的风险转移

咨询 167：法律对房屋灭失风险的转移是如何规定的？

律师解答：《合同法》第一百三十三条规定："标的物的所有权自标的物交付时起转移，但法律另有规定或者当事人另有约定的除外。"第一百四十二条规定："标的物毁损、灭失的风险，在标的物交付之前由出卖人承担，交付之后由买受人承担，但法律另有规定或者当事人另有约定的除外。"《最高人民法院关于审理商品房买卖合同纠纷案件适用法律若干问题的解释》第十一条也规定："对房屋的转移占有，视为房屋的交付使用，但当事人另有约定的除外。"

上述规定不仅适用于动产，同样适用于不动产（房屋），自卖方实际交付不动产给买方占有时，风险移至买方。即交易房屋毁损、灭失的风险，在交付使用前由卖方承担，交付使用后由买方承担；买方接到卖方的书面交房通知，无正当理由拒绝接收的，房屋毁损、灭失的风险自书面交房通知确定的交付使用之日起由买方承担，但法律另有规定或者当事人另有约定的除外。也就是说，如无特别约定，在卖方将房屋交付给买方以后，房屋毁损、灭失的风险就转移给买方了。

第十节　合同履行的其他问题

咨询 168：合同没有约定履行期限，则履行期限该如何确定？

律师解答：《合同法》第六十一条规定："合同生效后，当事人就质量、价款或者报酬、履行地点等内容没有约定或者约定不明确的，可以协议补充；不能达成补充协议的，按照合同有关条款或者交易习惯确定。"第六十二条规定："当事人就有关合同内容约定不明确，依照本法第六十一条的规定仍不能确定的，适用下列规定……履行期限不明确的，债务人可以随时履行，债权人也可以随时要求履行，但应当给对方必要的准备时间……"

按上述规定，房屋买卖合同没有约定履行期限，买卖双方可以通过补充协议的形式进行约定，如果双方无法达成一致的，按照合同有关条款或者交易习惯确定。但房屋买卖双方基本都是一次性交易，只有行业习惯，双方之间不存在交易习惯的问题，也很难确定具体的履行期限。因此，此种情况下，买卖一方可以向另一方发出催促函，催促对方在一定期限内履行合同义务，但应当给对方必要的准备时间。

律师建议：

（1）中介公司在编制合同时，应增加以下条款“合同未约定明确履行期限的，以守约方或经纪方发出敦促履行通知之日起五天为履行期限”。

（2）如果一方在应办理相关交易手续而未及时办理时，中介公司应及时向买卖双方发出敦促履行通知函，通知买卖双方办理相关手续。

咨询169：在买卖合同中，对有关事项的履行日期约定不明确（如递件交易时间），中介公司应如何应对，方能有效推进交易的顺利履行？

律师解答：《合同法》第六十一条规定：“合同生效后，当事人就质量、价款或者报酬、履行地点等内容没有约定或者约定不明确的，可以协议补充；不能达成补充协议的，按照合同有关条款或者交易习惯确定。”第六十二条规定：“当事人就有关合同内容约定不明确，依照本法第六十一条的规定仍不能确定的，适用下列规定……（四）履行期限不明确的，债务人可以随时履行，债权人也可以随时要求履行，但应当给对方必要的准备时间……”

合同未约定履行日期的，权利人第一次向义务人主张权利或要求履行义务时，即为合同履行期限届满时，义务人从此时起即具有履行义务。当然，权利人需要给义务人必要的准备时间（宽限期）。

律师建议：

（1）中介公司要在合同中明确约定各环节履行的时间和日期。

（2）在编制合同时，将“合同未约定明确履行期限的，以守约方或经纪方发出敦促履行通知之日起五天为履行期限”的条款写入合同。

（3）在某个交易环节履行期到来时，中介公司要及时向买卖双方发出敦促履行通知，并明确指定具体的履行义务的时间，如“请卖方于某年某月某日上午十点携带身份证到工商银行某支行（地址）配合签订按揭贷款资料”。

咨询170：签订买卖合同后，卖方去世了，合同能否继续履行？

律师解答：《中华人民共和国继承法》第三十三条规定："继承遗产应当清偿被继承人依法应当缴纳的税款和债务，缴纳税款和清偿债务以他的遗产实际价值为限。超过遗产实际价值部分，继承人自愿偿还的不在此限。"

由于卖方去世前与买方签订的房屋买卖合同是合法有效的，因此，签订买卖合同后，卖方去世，应当由业主的遗产继承人来继续履行合同义务。但实际操作起来相对比较复杂，涉及已过世的卖方究竟有几个继承人，每个继承人的继承份额大小问题。

律师建议：中介公司应要求卖方的合法继承人提供经公证机关公证的遗产继承公证书，在确认房屋的合法继承人后，要求全体合法继承人确认房屋买卖合同，并继续履行原房屋买卖合同的权利义务。

咨询171：签订买卖合同后，买方过世，该如何处理？

律师解答：《合同法》第九条规定："当事人订立合同，应当具有相应的民事权利能力和民事行为能力。"《民法通则》第九条规定："公民从出生时起到死亡时止，具有民事权利能力，依法享有民事权利，承担民事义务。"依据《中华人民共和国继承法》第三十三条的规定，其继承人应当在继承的遗产范围内对被继承人的债务承担清偿的责任，清偿债务的范围以继承遗产的范围为限。

根据上述规定，买方过世后，买方民事权利能力终止，其权利义务应由其合法继承人继承，其继承人同意继续履行合同的，应当继续履行；不愿意继续履行的，卖方可以解除合同。

律师建议：在交易过程中，出现买卖任意一方过世的情形，中介公司都应立即联系过世一方家属要求他们确定继承人并出具继承公证书，并要求其明确是否继续履行合同。

第六章　违约责任

第一节　违约责任的基础知识

咨询 172：房屋买卖中常见的纠纷有哪些？

律师解答：房屋买卖中常见的纠纷情形有：

1. 房价上涨/下跌导致一方违约产生的纠纷；
2. 买方未按合同约定及时办理按揭产生的纠纷；
3. 卖方未按合同约定及时赎垫产生的纠纷；
4. 银行贷款未获审批或银行审批的贷款额度不够而买方又无法现金补齐产生的纠纷；
5. 买方没有按时支付定金、首期款、尾款而产生的纠纷；
6. 交楼时家私家电与约定不符产生的纠纷；
7. 购房政策导致合同无法继续履行产生的纠纷；
8. 税费承担约定不明或因税费政策调整税费变更产生的纠纷；
9. 户口迁移问题产生的纠纷；
10. 房屋交易过程中在被司法查封时产生的纠纷；
11. 卖方拒绝交楼或未按期交楼产生的纠纷；

……

咨询 173：违约责任的承担方式有哪些？

律师解答：《合同法》第一百〇七条规定：“当事人一方不履行合同义务或者履行合同义务不符合约定的，应当承担继续履行、采取补救措施或者赔偿损失等违约责任。”

从上述规定可知，违约责任的承担方式具体包括以下几种：

（1）支付违约金，当事人可以约定违约方违约时应当根据违约情况向守约方支付一定数额的违约金，也可以约定因违约产生的损失赔偿额的计算方法。

（2）定金责任，也叫定金罚则，当事人可以依照《担保法》约定一方向对方给付定金作为债权的担保。债务人履行债务后，定金应当抵作价款或者收回。给付定金的一方不履行约定的债务的，无权要求返还定金；收受定金的一方不履行约定的债务的，应当双倍返还定金。

（3）损害赔偿，当事人一方不履行合同义务或者履行合同义务不符合约定，给对方造成损失的，可以要求违约方赔偿损失。损失赔偿额应相当于因违约所造成的损失，包括合同履行后可以获得的利益，但不得超过违反合同一方订立合同时预见到或者应当预见到的因违反合同可能造成的损失。

（4）其他补救措施，如质量不符合约定的，受损害方根据标的的性质以及损失的大小，可以合理选择要求对方承担修理、更换、重作、退货、减少价款或者报酬等违约责任。

> **律师建议：**定金责任与违约金是不能同时适用的，中介公司可在合同中约定违约的具体承担方式，如果有约定两种或两种以上的违约责任，中介公司可提醒守约方选择对其最为有利的一种方式追究违约方的违约责任。

咨询 174：什么是“违约金”？

律师解答：违约金是指按照当事人的约定或者法律直接规定，一方当事人违约的，应向另一方支付的金钱。违约金的标的物一般是金钱，但当事人也可以约定违约金的标的物为金钱以外的其他财产。违约金具有担保债务履行的功效，又具有惩罚违约人和补偿无过错一方所受损失的效果。

咨询175：如何确定违约金的计算标准和依据？

律师解答：现行法律对违约金的计算标准和依据没有明确、具体的强制性规定。合同里有约定违约金计算标准的则按照合同约定履行；合同中没有约定违约金的，则适用定金罚则；既没有约定违约金又没有支付定金的，按照交易习惯确定或按照实际损失确定赔偿金额。违约金约定过高的，法院会根据违约方的申请按照守约方遭受的实际损失适当降低违约金的计算标准。

咨询176：争议条款应如何约定？

律师解答：《合同法》第十二条规定：“合同的内容由当事人约定，一般包括以下条款……（八）解决争议的方法。”第一百二十八条规定：“当事人可以通过和解或者调解解决合同争议。当事人不愿和解、调解或者和解、调解不成的，可以根据仲裁协议向仲裁机构申请仲裁。涉外合同的当事人可以根据仲裁协议向中国仲裁机构或者其他仲裁机构申请仲裁。当事人没有订立仲裁协议或者仲裁协议无效的，可以向人民法院起诉。”

对于合同中约定的争议解决条款，简称为“争议条款”。房屋买卖合同中的争议条款有两种选择，一为向某某法院提起诉讼，二为提交某某仲裁委员会进行仲裁。

争议条款如何选择，首先应了解两者的区别：

（1）在管辖方面。根据《民事诉讼法》第三十三条的规定：“下列案件，由本条规定的人民法院专属管辖：（一）因不动产纠纷提起的诉讼，由不动产所在地人民法院管辖……”因此，如果选择诉讼的，房屋买卖合同纠纷属于不动产纠纷，只能由物业所在地法院管辖，其他法院没有管辖权。即使合同中没有约定争议条款或约定了其他法院，也只能由物业所在地法院受理。

除了约定到法院诉讼，当事人还可以约定到仲裁机构进行仲裁。《中华人民共和国仲裁法》第十八条规定：“仲裁协议对仲裁事项或者仲裁委员会没有约定或者约定不明确的，当事人可以补充协议；达不成补充协议的，仲裁协议无效。”

因此，如果选择仲裁裁决的，仲裁机构一定要约定清楚。且不能同时约定诉讼又约定仲裁，否则视为约定不明，仲裁协议无效。

（2）在程序方面。诉讼实行的是二审终审制，仲裁实行的是一裁终局制。

（3）在执行效力方面。法院判决由一审法院负责执行。仲裁裁决同样具有强制执行效力，但仲裁机构不设执行部门，仲裁裁决一般向被执行人户籍所在地、经常居住地或财产所在地的中级人民法院申请执行。

综上比较，仲裁需要明确选择仲裁机构，且仲裁一裁终局，没有二审（上诉）程序，仲裁时间相对较短，但仲裁费用较高，且只能向被执行人户籍所在地、经常居住地或财产所在地中级人民法院申请执行，因此，要求执行申请人提供被执行人户籍所在地、经常居住地的财产线索。

律师建议：

（1）对于买卖双方均为本地户籍或经常居住地均为本地的，又或在本地均有财产的，可选择仲裁管辖，其他的，可选择法院管辖。

（2）仲裁机构的选择必须明确，如“中国广州仲裁委员会”，而不能写“本地仲裁机构”或“广东仲裁委员会”。

第二节　买方违约

咨询 177：买方支付定金后表示不买了，定金也不要了，卖方还能按合同约定追究买方楼价 10% 的违约责任吗？

律师解答：《合同法》第一百〇七条规定：“当事人一方不履行合同义务或

者履行合同义务不符合约定的，应当承担继续履行、采取补救措施或者赔偿损失等违约责任。”

《合同法》第一百一十条规定：“当事人一方不履行非金钱债务或者履行非金钱债务不符合约定的，对方可以要求履行，但有下列情形之一的除外：

（一）法律上或者事实上不能履行；

（二）债务的标的不适于强制履行或者履行费用过高；

（三）债权人在合理期限内未要求履行。”

根据以上法律规定可知，买方支付完定金后表示不买房了，属于违约行为，该如何处理由卖方选择。卖方可以向法院主张要求买方继续履行并主张违约责任，或者要求解除合同并没收定金或支付违约金。

《合同法》第一百一十六条规定：“当事人既约定违约金又约定定金的，一方违约时，对方可以选择适用违约金或者定金条款。”该规定表明：1. 违约金与定金条款，二者不可并用，只能选择其中一个；2. 比较违约金与定金条款，守约方可选择有利于自己的适用条款。如涉案房屋成交价为 100 万元，定金为 2 万元，买方违约，卖方选择定金罚则，即卖方可没收买方已付的定金 2 万元。如选择楼价 10% 的违约金，即卖方可向买方主张 10 万元的违约赔偿，但 2 万元的定金需退还给买方。

所以，买方违约了，即便其放弃定金，卖方也可根据合同约定向买方要求其赔偿楼价的 10% 作为违约金。

咨询 178：买方违约导致合同不能继续履行，中介公司可以促成卖方与另一买方签订新的房屋买卖合同吗？

律师解答：《合同法》第九十四条规定：“有下列情形之一的，当事人可以解除合同：

（一）因不可抗力致使不能实现合同目的；

（二）在履行期限届满之前，当事人一方明确表示或者以自己的行为表明不履行主要债务；

（三）当事人一方迟延履行主要债务，经催告后在合理期限内仍未履行；

（四）当事人一方迟延履行债务或者有其他违约行为致使不能实现合同目的；

（五）法律规定的其他情形。”

根据该规定，买方违约导致合同不能继续履行，卖方应该按合同约定或《合同法》第九十四条的规定解除与原买方签订的房屋买卖合同，在卖方未解除与原买方之间签订的房屋买卖合同的情况下，即便原买方违约，但原房屋买卖合同仍然有效，中介公司不能促成卖方与另一买方签订新的房屋买卖合同，否则属于一房二卖的行为，中介公司可能因为帮助卖方实行一房二卖的行为而承担相应的法律责任。

律师建议：

（1）中介公司首先要尽力促成买卖双方签订解除房屋买卖合同的协议，以和解的形式解除原房屋买卖合同；

（2）在买方未按合同约定履行义务时，中介公司和卖方应及时向买方发出催促履行通知函，敦促买方按合同约定来履行义务；

（3）如果买方不同意解除或无法联系到买方，中介公司应建议并帮助卖方收集买方违约的相关证据，在卖方确定买方确实违约并有足够证据予以证明时，卖方应根据房屋买卖合同的相关约定，向买方发出解除房屋买卖合同通知书；

（4）最为稳妥的方式是，卖方可以通过法律途径解除与买方签订的房屋买卖合同。

咨询 179：买方在房屋买卖合同上签假名后反悔不买，可以进行笔迹鉴定确定买方的诉讼主体资格吗？

律师解答：《民事诉讼法》第六十三条规定：“证据有下列几种：

（一）书证；

（二）物证；

（三）视听资料；

（四）证人证言；

（五）当事人的陈述；

（六）鉴定结论；

（七）勘验笔录。”

其中，鉴定结论可以作为主要证据使用，因此，如果买方在房屋买卖合同上签假名后反悔不想买房，卖方可以向法院起诉，并向法院申请对买方的笔迹进行鉴定，同时，可以结合其他证据确定买方违约的事实并追究其违约责任。

律师建议：如果买方签的是假名，无法准确确定其身份，即存在诉讼主体身份不明的问题，即便确认了其真实姓名，如果其不参加，法院也很难做笔迹鉴定。因此，中介公司在签署房屋买卖合同时，应要求买卖双方出具有效的身份证件（身份证、驾驶证、军官证）以及其他可以证明其身份的证件，如带有名字、照片的工作证、从业资格证（如律师证、教师证、会计证等）。

咨询180：因买方的信用问题，银行不批准买方的贷款申请，买方可以以此为由解除房屋买卖合同吗？

律师解答：《最高人民法院关于审理商品房买卖合同纠纷案件适用法律若干问题的解释》第二十三条规定：“商品房买卖合同约定，买受人以担保贷款方式付款，因当事人一方原因未能订立商品房担保贷款合同并导致商品房买卖合同不能继续履行的，对方当事人可以请求解除合同和赔偿损失。”《合同法》第一百〇七条规定：“当事人一方不履行合同义务或者履行合同义务不符合约定的，应当承担继续履行、采取补救措施或者赔偿损失等违约责任。”

买方在签订合同之时接受房屋买卖合同的付款方式条款，即意味着买方承诺可以通过银行贷款支付部分楼款，买方实际是对自己的信用状况进行了承诺和担保。而买方的信用问题只有买方自己清楚，卖方与中介公司均无法获悉或查询买受人的信用状况，因此，因买方的信用问题而导致银行不批准买方的贷款申请，应属于因买方单方原因导致未获审批，如果买方不能和卖方协商一致达成新的楼价付款方式，合同将无法继续，合同目的将无法实现，买方可以以此为由解除房屋买卖合同，但合同解除是基于买方方面的原因，买方应承担违约责任。

当然，若买方能一次性付款给卖方，虽更改了交易付款方式，但并不损害卖方收齐楼款的权益，该房屋买卖合同是可以继续履行的。但若买方不愿意或没有能力一次性付款给卖方，此种情况，买方可能面临被卖方追究违约责任的风险。同时，其他因买方的原因，例如，买方没有积极办理贷款，或者没有向银行提供相应的资信证明、收入证明或婚姻状况证明等情况，都将可能导致买方承担违约责任的风险。

律师建议：

（1）中介公司在编制合同时可在合同中对题述情况进行明确约定，如“因银行信贷政策原因导致买方无法获得银行贷款或贷款不足额，而买方又无法一次性支付或补足的，买卖双方可解除合同并不承担违约责任，非因银行信贷政策原因导致买方无法获得银行贷款或贷款不足额，买方应一次性向卖方付款”。

（2）中介公司在签订房屋买卖合同前，应提示买方自行查询征信以确保其可以通过银行贷款的方式支付楼款，并保留相关提示证据。

咨询 181：买方未按约定日期支付购房款，卖方立即要求解除买卖合同，是否能得到法院支持？

律师解答：《合同法》第九十四条规定：“有下列情形之一的，当事人可以解除合同……（三）当事人一方迟延履行主要债务，经催告后在合理期限内仍未履行；（四）当事人一方迟延履行债务或者有其他违约行为致使不能实现合同目的……”

根据上述规定以及“有约定从约定”的法理，在房屋买卖合同中，如果买卖双方有约定买方逾期支付购房款卖方可以立即解除的，买方未按合同约定支付购房款，则卖方可以在约定期限届满后立即解除合同；如果买卖双方在合同中约定支付购房款的时间，但未约定买方逾期支付卖方可以立即解除合同的，那么，在买方逾期支付购房款的情况下，卖方不能立即解除合同，而应该向买方发出催告履行通知函。如果买方在催告期限内仍不支付购房款的，卖方可以解除合同。

所以，在没有合同明确约定的情况下，买方未按约定期限支付购房款，卖方是不可以立即解除合同的，要给予买方一定时间的宽限履行期，以期最大限度地能够将合同继续履行下去，这也符合合同法的立法本意。

律师建议：买卖双方在合同中要明确约定买方支付购房款的方式和时间以及逾期支付的法律后果。如果没有约定的，买方逾期支付购房款，中介公司应建议卖方向买方发出催促履行通知函，通知其在合理期限内支付购房款。

• • •

第三节 卖方违约

咨询182：签完合同后，卖方明确表示不卖了，且愿意双倍返还定金，买方应如何处理？

律师解答：《合同法》第一百〇七条规定："当事人一方不履行合同义务或者履行合同义务不符合约定的，应当承担继续履行、采取补救措施或者赔偿损失等违约责任。"

《合同法》第一百〇八条规定："当事人一方明确表示或者以自己的行为表明不履行合同义务的，对方可以在履行期限届满之前要求其承担违约责任。"

《合同法》第一百一十条规定："当事人一方不履行非金钱债务或者履行非金钱债务不符合约定的，对方可以要求履行，但有下列情形之一的除外：

（一）法律上或者事实上不能履行；

（二）债务的标的不适于强制履行或者履行费用过高；

（三）债权人在合理期限内未要求履行。”

根据上述规定，违约不卖了，已属于根本违约，买方可以要求卖方承担继续履行、采取补救措施或者赔偿损失等违约责任。

出现卖方违约的情况，买方有权选择：

（1）解除合同，要求卖方按合同约定承担违约赔偿责任。如果合同约定，一方违约适用定金罚则，那么，买卖双方可以在卖方赔偿双倍定金后解除合同；

（2）继续履行合同，并要求卖方按合同约定承担违约赔偿责任。也就是说，卖方违约，即便愿意赔偿双倍定金来解除合同，但并不意味着就一定能解除合同，如果买方愿意继续交易，可以不接受赔偿双倍定金来解除合同，而可以要求卖方继续交易并将房屋过户给买方。

咨询183：卖方或买方违约导致房屋买卖无法继续进行，中介公司能否以此向卖方或买方主张支付违约金？

律师解答：《合同法》第四百二十六条规定：“居间人促成合同成立的，委托人应当按照约定支付报酬。”

根据该规定，中介公司促成房屋买卖合同成立的，只能按约定获得居间报酬。而中介公司、卖方、买方所签订的房屋买卖三方合同中存在两种法律关系：一是买卖双方之间的房屋买卖关系；二是中介公司分别与买方和卖方之间的居间服务关系。无论是卖方不想继续出售房屋还是买方反悔不想继续购买房屋，均属于三方合同中的房屋买卖关系中的违约情形，应由买卖双方之间解决并承担相应的法律责任，不属于居间合同调整的范围，因此，与中介公司无关，中介公司无法依据此种理由向卖方或买方主张违约责任。

何况，中介公司成功居间一单房屋买卖交易，其能获得的最大收益就是居间服务费，中介公司除了收取居间服务费，不得以卖方或买方违约来获取额外利益。但如果买方或卖方没有按合同约定支付居间服务费的，中介公司才可追究卖方或买方迟延支付居间服务费的违约责任。

咨询 184：房屋买卖合同中，约定卖方同意房屋可过户至买方指定的第三人名下，且双方均明确了最终的落户人，后卖方以买方无购房资格为由不配合过户，是否属于违约？

律师解答：由于合同中约定买方有权将房屋过户至第三人名下，且买卖双方明确了最终的落户人，说明卖方对于交易的主体以及最终的落户人是知悉并且同意的，该约定属于双方当事人的真实意思表示，且交易主体明确，并未违反法律的强制性规定，自依法成立时就已生效，且不存在双方约定不明的情形，买卖双方需要按照合同约定履行各自的义务。在题述情形下，卖方不配合过户，属于违约，买方可要求其继续履行合同或解除合同并主张违约责任。

> **律师建议：**对于买方不落户到自己名下的情形，中介公司应要求买方确定最终的落户人并在合同中进行明确约定。

咨询 185：房屋过户后，买方发现房屋实际面积比房产证上的面积小，买方要求卖方承担赔偿责任或补偿差价，是否合理？

律师解答：按现有二手房交易的普遍做法，二手房屋买卖合同中一般都约定房屋按套及现状销售，因此，基本不存在房屋单价的问题。由于已办理了相关产权证书，除非有证据证明卖方在交易前已经知道交易房产存在面积差并且隐瞒了此事实，否则，卖方无须为此承担任何法律责任，因此，买方以此为由要求卖方承担赔偿责任或补偿差价的诉求很难得到法院的支持。

咨询 186：卖方未带身份证件的情况下签订了房屋买卖合同并收取了定金，后发现该卖方并非业主本人，中介公司该如何处理？

律师解答：《刑法》第二百二十四条规定："有下列情形之一，以非法占有为目的，在签订、履行合同过程中，骗取对方当事人财物，数额较大的，处三年以下有期徒刑或者拘役，并处或者单处罚金；数额巨大或者有其他严重情节的，处三年以上十年以下有期徒刑，并处罚金；数额特别巨大或者有其他特别严重情节的，处十年以上有期徒刑或者无期徒刑，并处罚金或者没收财产：（一）以虚构的单位或者冒用他人名义签订合同的……"

根据上述法律规定，假业主冒充真业主签订合同的行为，已经涉嫌构成合同诈骗犯罪，因此，买方或中介公司一旦发现签合同的业主是假业主，应及时报警处理。

律师建议：中介公司在卖方未提供身份证明的情况时，应谨慎对待，一是签订完买卖合同后，先不要把合同交给买卖双方，可以派工作人员陪同卖方上门拿相关证件，在核实系业主本人后，将合同交给卖方。二是先不要支付定金，在核实卖方身份后再行支付定金（此条款最好约定在合同中）。三是要求卖方提供其本人的银行卡，定金以银行转账的形式支付到卖方名下的银行卡内，切忌支付现金。

咨询187：签完买卖合同并收取高额首期款后卖方"携款潜逃"了，买方可采取哪些措施追究卖方的责任？

律师解答：《合同法》第一百〇七条规定："当事人一方不履行合同义务或者履行合同义务不符合约定的，应当承担继续履行、采取补救措施或者赔偿损失等违约责任。"

《民事诉讼法》第九十二条规定："人民法院对于可能因当事人一方的行为或者其他原因，使判决不能执行或者难以执行的案件，可以根据对方当事人的申请，作出财产保全的裁定；当事人没有提出申请的，人民法院在必要时也可以裁定采取财产保全措施。"

《民事诉讼法》第九十三条规定："利害关系人因情况紧急，不立即申请财产保全将会使其合法权益受到难以弥补的损害的，可以在起诉前向人民法院申请采取财产保全措施。申请人应当提供担保，不提供担保的，驳回申请。"

买方将房屋首期款交于卖方后，如果卖方已无法联系，且中介公司应通过各种方式催促卖方合同义务，在卖方超过合同约定的期限仍未出现并履行合同的，应采取包括刑事报案、民事诉讼等各种有效措施来维护买方及中介公司的权益。

律师建议：

出现此类情况，买方及中介公司首先要做的是：

（1）在合同履行期内卖方无法联系的，中介公司应通过各种途径联系卖方，并及时发出催促履行通知函，敦促卖方履行自己的义务；

（2）超过合同履行期限仍无法联系的，应第一时间报警，以防卖方一房多卖涉嫌合同诈骗；

（3）买方应及时向法院提起诉讼，若该交易仍符合继续交易过户的条件，买方可要求继续履行合同并要求卖方承担违约赔偿责任，若该交易不符合继续交易过户的情形，买方可要求解除合同并要求卖方承担违约赔偿责任；

（4）无论买方选择哪种方式，最好都先向法院申请财产保全，查封交易的房产以防止交易的房屋被转移。

咨询 188：卖方反悔不卖了，买方向法院起诉要求强制过户交易，需具备哪些条件法院才可能支持该诉求？

律师解答：《合同法》第一百〇七条规定："当事人一方不履行合同义务或者履行合同义务不符合约定的，应当承担继续履行、采取补救措施或者赔偿损失等违约责任。"

虽然法律规定一方违约时，应当承担继续履行的责任。但房屋买卖是一个复杂的关系，尤其是涉及大额楼款的支付问题，法院在判决继续履行过户手续的同时，首要考虑到的是，交易房屋上存在的未偿还贷款及未涂销的抵押问题，如果卖方不配合过户或无力偿还银行的贷款，那么，设定在交易房屋上的抵押权就无法消除，房屋也就无法过户给买方。另外就是，房屋过户给新的买方之后，剩余楼款如何支付？若买方需要通过银行贷款来支付剩余尾款，银行的同贷书是有期限的，一般为一个月，最长为三个月，而一旦进入诉讼程序，加上执行程序，三个月内是很难完成的，何况，一旦发生纠纷，银行通常也不会再向买方发放贷款。

因此，法院在判决要求卖方强制过户时，各地法院的要求虽不尽相同，但从编者经办的大部分案件来看，法院都要求买方满足以下条件：1. 买方能一次性支付全部楼款；2. 买方所付楼款优先用于代卖方偿还银行贷款。

咨询 189：买方已付清楼款且已收楼，在办理过户交易过程中，因卖方的债务纠纷交易的房屋被法院查封，买方能要求解封并继续过户吗？

律师解答：《最高人民法院关于人民法院民事执行中查封、扣押、冻结财产的规定》（法释〔2004〕15 号）第十七条规定：“被执行人将其所有的需要办理过户登记的财产出卖给第三人，第三人已经支付部分或者全部价款并实际占有该财产，但尚未办理产权过户登记手续的，人民法院可以查封、扣押、冻结；第三人已经支付全部价款并实际占有，但未办理过户登记手续的，如果第三人对此没有过错，人民法院不得查封、扣押、冻结。”

根据上述规定，买方已付清全部价款，且已经占有使用交易房屋，虽未办理过户登记手续，但买方并没有过错，买方属于善意买受人，因此，人民法院不得查封，已查封的，买方可以依法申请解封，并办理过户手续。

> **律师建议：**出现此种情况，买方可以向法院提出查封异议，要求法院解除查封并完成房屋过户。另外，可敦促卖方解决房屋查封问题，否则可追究其违约责任。

咨询 190：如果卖方在签完买卖合同后将房屋抵押的，是否属于违约？

律师解答：《合同法》第六十八条规定：“应当先履行债务的当事人，有确切证据证明对方有下列情形之一的，可以中止履行：（一）经营状况严重恶化；（二）转移财产、抽逃资金，以逃避债务；（三）丧失商业信誉；（四）有丧失或者可能丧失履行债务能力的其他情形。当事人没有确切证据中止履行的，应当承担违约责任。”

《合同法》第六十九条规定：“当事人依照本法第六十八条的规定中止履行的，应当及时通知对方。对方提供适当担保时，应当恢复履行。中止履行后，对方在合理期限内未恢复履行能力并且未提供适当担保的，中止履行的一方可以解除合同。”

根据上述规定，卖方在签完买卖合同后再将房屋做抵押，实际是为房屋买卖的正常交易程序人为地制造了障碍，符合《合同法》第六十八条第四款的规定，可能会导致合同无法继续履行，此时，买方可根据《合同法》第六十八条、第六十九条的规定行使不安履行抗辩权，要求卖方及时涂销抵押及履行合同的各项义务，如果卖方能在合同约定的过户交易前涂销抵押，或在买方要求的期限内涂销抵押的，原房屋买卖合同是可以继续交易的。否则，卖方的行为将构成违约。

律师建议：出现此类情况时，中介公司及买方无须急着解除合同，而应先发敦促履行通知函，一是要求卖方给出合理的解释；二是要求卖方在合理期限内涂销抵押以保证合同的继续履行。如果卖方在合同履行期限内没有涂销抵押，构成违约，买方可解除合同并要求卖方承担违约责任。

咨询191：买方因卖方违约提起诉讼，可在哪个诉讼阶段查封交易的房屋？

律师解答：出现卖方违约情况，买方为了保障自己的利益，可向法院提起诉讼，为了避免在诉讼阶段卖方将交易房屋重新出售或抵押等导致判决履行不了的情况，买方可根据实际情况，决定在哪个阶段采取查封措施：

（1）在情况紧急时，如卖方已经或可能将交易的房屋再售予他人或作抵押借款的，买方可以在起诉之前，向法院申请诉前财产保全，对交易房屋进行先行查封。

（2）在诉讼过程中，买方随时可向法院申请财产保全，查封交易的房屋。

（3）在判决生效，买方向法院申请执行时，由法院依法对交易的房屋进行查封。

咨询192：卖方违约，买方追究卖方违约责任并向法院申请财产保全，买方需要提供担保吗？哪类财产可以作为担保物？

律师解答：《民事诉讼法》第一百条规定："人民法院对于可能因当事人一方的行为或者其他原因，使判决难以执行或者造成当事人其他损害的案件，根据对方当事人的申请，可以裁定对其财产进行保全，责令其作出一定行为或者禁止其作出一定行为；当事人没有提出申请的，人民法院在必要时也可以裁定采取保全措施。人民法院采取保全措施，可以责令申请人提供担保，申请人不提供担保的，裁定驳回申请。人民法院接受申请后，对情况紧急的，必须在四十八小时内作出裁定；裁定采取保全措施的，应当立即开始执行。"

《北京市高级人民法院关于财产保全若干问题的规定（试行）》第四条规定："申请人申请财产保全可以以下列方式提供担保：（一）申请人提供物的担保或现金担保；（二）第三人提供信用担保、物的担保或现金担保；（三）专业担保公司提供信用担保。"

由此可知，买方向法院申请财产保全，应当提供担保。担保方式一般为现金或实物的抵押。如果当事人没有足够的现金和相应的实物，也可申请由担保公司、保险公司提供担保。担保公司提供担保一般为信用担保，不用办理抵押手续。

> **律师建议：**从目前的实务操作来看，申请人以现金的形式或担保公司提供担保的形式进行担保，法院容易接受，而土地或房产需要经过专业评估程序，时间较长且手续烦琐。因此，在比较紧急的情况下，最好采取现金或担保公司、保险公司担保的形式提供担保。

咨询193：什么是"一房二卖"或"一房多卖"？

律师解答："一房二卖"或"一房多卖"是指卖方与买受人签订房屋买卖

合同后，又与买受人之外的第三人或多人签订房屋买卖合同，导致同一房屋上存在两个或两个以上的买受人，卖方需要承担对合同相对方违约责任的情况。

咨询 194：卖方一房多卖的，应承担什么法律责任？

律师解答：（1）民事责任。根据《合同法》第一百〇七条的规定："当事人一方不履行合同义务或者履行合同义务不符合约定的，应当承担继续履行、采取补救措施或者赔偿损失等违约责任。"卖方一房多卖会给合同相对方造成损失，应承担相应合同违约责任。

（2）刑事责任。《刑法》第二百二十四条规定："有下列情形之一，以非法占有为目的，在签订、履行合同过程中，骗取对方当事人财物，数额较大的，处三年以下有期徒刑或者拘役，并处或者单处罚金；数额巨大或者有其他严重情节的，处三年以上十年以下有期徒刑，并处罚金；数额特别巨大或者有其他特别严重情节的，处十年以上有期徒刑或者无期徒刑，并处罚金或者没收财产。"

如果卖方一房多卖，事后无法退还涉案资金或者事前就有骗取对方当事人财物的故意，涉嫌构成合同诈骗罪，受害的买方可向公安报案，最后由法院按《刑法》第二百二十四条的规定追究卖方的刑事责任。

咨询 195："一房二卖"或"一房多卖"情形下签的房屋买卖合同有效吗？

律师解答：《合同法》第四十四条规定："依法成立的合同，自成立时生效。"

《合同法》第五十二条规定："有下列情形之一的，合同无效。

（一）一方以欺诈、胁迫的手段订立合同，损害国家利益；

（二）恶意串通，损害国家、集体或者第三人利益；

（三）以合法形式掩盖非法目的；

（四）损害社会公共利益；

（五）违反法律、行政法规的强制性规定。”

由此可见，“一房二卖”或“一房多卖”所签的合同，只要不违反《合同法》第五十二条规定的合同无效的情形，合同一经依法成立即发生法律效力，所以，即便是“一房二卖”或“一房多卖”所签的合同，一样对买卖双方具有法律效力，而且不分签订合同的先后顺序。

咨询196：卖方一房多卖的，数个买方均起诉要求将涉案房屋过户到自己名下，法院将如何处理？

律师解答：《最高人民法院关于审理买卖合同纠纷案件适用法律问题的解释》第九条规定：“出卖人就同一普通动产订立多重买卖合同，在买卖合同均有效的情况下，买受人均要求实际履行合同的，应当按照以下情形分别处理：

（一）先行受领交付的买受人请求确认所有权已经转移的，人民法院应予支持；

（二）均未受领交付，先行支付价款的买受人请求出卖人履行交付标的物等合同义务的，人民法院应予支持；

（三）均未受领交付，也未支付价款，依法成立在先合同的买受人请求出卖人履行交付标的物等合同义务的，人民法院应予支持。”

卖方一房多卖，房产究竟归谁，首先要分清数个房屋买卖关系是否都存在真实的交易关系，如果存在恶意串通或逃避债务等以合法形式掩盖非法目的，“买方”均无权主张房产产权。而对于多个真实的买方，在商品房买卖合同合法有效的前提下，到底何人可以取得争议商品房的所有权，参照以上《解释》所确定的处理原则进行处理：

（1）已经办理商品房过户登记手续的买受人的房屋所有权要求应予支持。

（2）数个买受人均未办理商品房过户登记手续的，支持已经办理商品房预告登记手续的房屋所有权人的要求。

（3）既未办理产权登记，又未办理预告登记的，已先行合法占有争议房屋的买受人的房屋权属要求应得到支持。

（4）均未办理商品房过户登记手续和预告登记手续，又未合法占有争议房屋的，先行支付房屋价款的买受人的房屋所有权要求应予支持。

（5）如果上述情况均未发生，则签约在先的买受人的房屋所有权要求应该得到支持。

咨询 197：中介公司如何防止卖方“一房二卖”或“一房多卖”？

律师解答：目前实务中常见的方法有：

（1）由中介公司或买方代为保管卖方的房产证，卖方没有了房产证相对难取得别的买方或中介公司的信任；

（2）签完合同后及时进行网签，只要做了网签，其他买方及中介公司就可以轻易地获得交易房屋已经出售的事实，而且，没有买方配合，卖方是很难解除网签并再次网签或过户的；

（3）签完合同后可去房管局做预告登记，可以确保一段时间内房屋交易安全。

咨询 198：房屋因为卖方对外负债而与债权人签订了网签合同后，卖方再予以出售，属于“一房二卖”行为吗？

律师解答：卖方与债权人之间是债权债务关系，虽然做了网签，但双方之间并无真实的房屋买卖关系，而卖方将该房屋出售给买方，是基于双方之间真实的房屋买卖交易关系，因此，卖方出售该房屋并不属于“一房二卖”的行为。

> **律师建议：**中介公司在签订房屋买卖合同之前，应当对交易房屋是否网签进行核查。若卖方事先告知中介公司交易房屋已进行网签或中介公司查询到此情况，中介公司应及时与卖方核实情况并敦促卖方解除该非法网签，且不得向买方隐瞒该事实。

咨询 199：房屋买卖合同中约定由卖方配合买方做全权公证委托，现卖方不配合做全权公证委托，是否属于违约？

律师解答：合同相对性是指合同主要在特定的合同当事人之间发生法律拘束力，只有合同当事人一方能基于合同向对方提出请求或提起诉讼，而不能向与其无合同关系的第三人提出合同上的请求，合同当事人也不能擅自为第三人设定合同上的义务，合同债权也主要受合同法的保护。

题述问题中，买方拿到卖方的全权公证委托书可以将该房屋过户给任意第三人，而卖方是无法知悉买方最终会将房屋过户给谁的，也就是说，卖方无法确定与其履行房屋买卖合同的最终权利义务人是谁，而在房屋买卖合同中最终买受人是房屋交易的重大信息，因此，卖方作为出卖人，亦有权知悉其所售房屋最终的产权归属人并表达意见，卖方不配合做公证委托是合法的，不构成违约。

律师建议：买卖双方可以在合同中明确最终落户人并约定落户的时间，买方也可以要求卖方将该房屋直接过户给自己。

●●●●

第四节　政策导致合同履行不顺利而造成的违约

咨询 200：房屋买卖合同中约定买方首付款比例为二成，合同履行过程中，因银行信贷政策调整导致首付款比例提高，买方无力支付增加的首期款导致合同无法继续履行，买方的行为属于违约吗？

律师解答：《最高人民法院关于适用〈合同法〉若干问题的解释（二）》第二十六条规定："合同成立以后客观情况发生了当事人在订立合同时无法预

见的、非不可抗力造成的不属于商业风险的重大变化，继续履行合同对于一方当事人明显不公平或者不能实现合同目的，当事人请求人民法院变更或者解除合同的，人民法院应当根据公平原则，并结合案件的实际情况确定是否变更或者解除。”

题述情况属于典型的“情势变更”情形，签订合同时，银行的信贷政策为首付二成，在签订合同时买卖双方无法预见银行信贷政策何时调整以及调整的内容与幅度，正是由于该情况的变更，导致了双方交易的环境和条件都产生了对买方极其不利的变化，若买方有能力就首付款前后差额的部分以现金形式补足，买卖双方可就房屋买卖合同的首付比例进行相应变更，合同则继续履行；若买方无法就首付款前后的差额部分以现金形式补足，继续履行合同的目的将因买方无力足额支付首期款或楼款而不能实现，法院通常会以情势变更为由判决解除房屋买卖合同且买方无须承担违约责任。

咨询 201：因银行贷款政策调整致使银行不批准买方的贷款申请或者所批准额度远远小于申请额度，买方可以以此为由解除房屋买卖合同吗？

律师解答：《最高人民法院关于审理商品房买卖合同纠纷案件适用法律若干问题的解释》第二十三条规定：“商品房买卖合同约定，买受人以担保贷款方式付款，因当事人一方原因未能订立商品房担保贷款合同并导致商品房买卖合同不能继续履行的，对方当事人可以请求解除合同和赔偿损失。因不可归责于当事人双方的事由未能订立商品房担保贷款合同并导致商品房买卖合同不能继续履行的，当事人可以请求解除合同，出卖人应当将收受的购房款本金及其利息或者定金返还买受人。”

参照该条款的规定，因银行贷款政策调整，导致买方无法获得贷款或获得的贷款远远低于申请的额度，而买方又没有能力补足差额部分的，应认定为不可归责于买方的原因导致贷款不成或不足额，导致合同不能继续履行，买方可以以此为由解除房屋买卖合同并要求卖方退还定金及已付楼款。

咨询 202：签订买卖合同后，政府出台限购政策，导致房屋买卖合同无法履行将如何处理？

律师解答：《最高人民法院关于适用〈合同法〉若干问题的解释（二）》第二十六条规定："合同成立以后客观情况发生了当事人在订立合同时无法预见的、非不可抗力造成的不属于商业风险的重大变化，继续履行合同对于一方当事人明显不公平或者不能实现合同目的，当事人请求人民法院变更或者解除合同的，人民法院应当根据公平原则，并结合案件的实际情况确定是否变更或者解除。"

虽然现在理论界和司法机构对限购政策究竟属于"不可抗力"还是"情势变更"存在争议，法律也没有给出明确的说法，但根据最高人民法院的上述解释，编者认为，应以"情势变更"来认定更为恰当。

政府出台限购政策是人为的，不是自然灾害之类的情形，不属于不可抗力，而是客观情势发生变更。"限购令"出台，属于交易条件的重大变化，限购情形下由于买方不再具备购房资格，房屋买卖合同无法继续履行，不能实现合同目的，当事人可以请求人民法院变更或者解除合同，人民法院应当根据公平原则，并结合案件的实际情况确定是否变更或者解除。司法实践中，法院也会充分考虑当前的政策变动引起的当事人履行合同的情势发生重大变更，从公平、公正和社会公共利益的角度，认为这属于不可归责于买卖双方任何一方原因导致的合同无法履行，编者经办的案件，法院基本判决解除合同，卖方退还买方已付楼款，买卖双方互不负违约责任。

律师建议：中介公司在编制合同版本时，要将因政府限购政策导致交易不能如何处理的情况在合同中明确约定，减少争议和纠纷。

咨询 203：签订买卖合同前，政府就已出台限购政策，合同履行中，买方能否以自己无购房资格主张解除合同？

律师解答：住房限购政策在性质上具有公共政策的性质，确实会对房屋买卖合同能否继续履行造成重大影响，因此，政府在出台限购政策时，一般都会在当地有影响力的媒体，如电视台、电台、报纸以及网络上进行相应地报道和宣传，因此，该政策具有广而告之的效果，市民都知道或都应知道相应的政策，而且，房管局、房地产中介管理部门等相关部分也都会向各中介公司下发通知，因此，政府限购政策出台在前，房屋买卖在后，法院一般都会认为买方对政府出台的限购政策是知道或应当知道的，若买方以此为由要求解除合同很难得到法院的支持。

律师建议： 中介公司在居间时，尤其是政策刚出台后的一段时间内，务必要书面提醒买方政府实行的限购政策，并保留已告知买方的相应证据。

第五节 其他违约情况

咨询204：买卖双方要求中介公司在解除房屋买卖合同的协议上盖章，中介公司需要在该协议上盖章吗？

律师解答： 在房屋买卖三方合同中，通常包含买卖双方之间的房屋买卖关系和中介公司与买卖双方之间的居间合同关系，而买卖双方解除房屋买卖合同，实际上只是解除买卖双方之间的房屋买卖关系。买卖双方有权约定解除该房屋买卖关系，但若想解除居间关系，必须经中介公司同意。在民事法律关系中，签字盖章通常意味着确认合同的内容并接受合同中约定的事项。中介公司一旦在解除房屋买卖合同的协议上盖章，也就意味着同意解除买卖双方与中介公司的居间合同关系，那么，中介公司也就丧失了收取居间服务费的权利，因此，中介公司不要在解除房屋买卖合同的协议上盖章。

律师建议：

（1）如果买卖双方一定要求中介公司在该解除房屋买卖合同的协议上盖章，中介公司只能作为见证方，不能作为合同的当事人。

（2）要求在该解除协议中标明“中介公司保留收取居间服务费的权利”的类似表述。

（3）提防并坚决删除协议中使用“三方互不追究责任”的类似表述。

咨询205：卖方将房屋出售事宜全权委托给中介公司，成交后，卖方以售房价远低于市场价、损害了其利益为由，主张合同无效，且要求中介公司赔偿其损失，卖方的诉求能得到法院的支持吗？

律师解答：《民法通则》第六十六条第三款规定：“代理人和第三人串通，损害被代理人利益的，由代理人和第三人负连带责任。”第五十八条规定：“恶意串通，损害国家、集体或者第三人利益的民事行为无效。”

由于“全权委托”一般没有对售房条件、履行期限、付款方式，尤其是售房价格等进行约定，因此，个别中介公司为了获得高额居间服务费，甚至其他不当利益，往往会以手上的尚方宝剑——“全权委托”来实现低价、快速出售，售价确比市场价便宜不少，卖方会聘请评估机构对成交时房屋的价值进行评估，如果最终的评估价值远比成交价高，那么，卖方有权向法院起诉要求确认中介公司作为代理人与买方签订的合同无效或者要求中介公司赔偿其实际出售楼价与评估价值之间的差额。

律师建议：

（1）中介公司人员不要做卖方房屋出售事宜的“全权委托”代理人。

（2）卖方即便要求将房屋出售一事“全权委托”给中介公司人员，也需要卖方对售房的主要条款（条件）予以书面明确。

（3）交易过程中，涉及的重要事项应及时与卖方沟通，取得卖方的同意，且保留好相关的录音、聊天记录等相关证据。

律师建议：

（4）如果临时找不到委托人（如委托人出国）等情况，出售前，应先委托有资质的评估公司对交易物业进行价格评估，在评估价格的基础上进行委托出售。

咨询206：房屋买卖合同中未约定违约时的律师费承担事项，守约方可以要求违约方承担其律师费损失吗？

律师解答：《合同法》第一百一十三条规定："当事人一方不履行合同义务或者履行合同义务不符合约定，给对方造成损失的，损失赔偿额应当相当于因违约所造成的损失，包括合同履行后可以获得的利益，但不得超过违反合同一方订立合同时预见到或者应当预见到的因违反合同可能造成的损失。"

守约方可以要求违约方赔偿损失，守约方进行诉讼或仲裁支付的律师费也应认为是因违约方违约而给守约方造成的损失，守约方可以要求违约方承担律师费。但在司法实践中，法院通常会认为，违约方已承担违约责任（如楼价的10%），而该违约责任已足以弥补守约方的律师费损失，因此，大多数法院对该律师费的主张是不予支持的。但如果房屋买卖合同纠纷是通过仲裁机构进行仲裁，仲裁机构普通支持胜诉方（守约方）胜诉标的的10%～15%以内的费用（含律师费、差旅费等）。

律师建议：中介公司要在合同中明确约定，任何一方违约，需承担守约方为解决争议支付的律师费，从而为守约方主张违约方承担律师费损失提供合同依据。

第3篇

二手房特殊房源及特殊交易方式

第一章　二手房中的特殊房源交易

咨询 207：什么是“违章建筑”？

律师解答：违章建筑即是违反国家法律法规规章的强制性规定建造的房屋。

一般是指未取得建设工程规划许可证或者违反建设工程规划许可证核定的相关内容建设的建筑。主要有以下五类：

（1）未申请或申请未获得批准，并未取得建设用地规划许可证和建设工程规划许可证而建成的建筑物；

（2）擅自改变建设工程规划许可证的规定建成的建筑物；

（3）擅自改变了使用性质建成的建筑物；

（4）临时建筑建设后超过有效期未拆除成为永久性建筑的建筑物；

（5）通过伪造相关材料向主管部门骗取许可证而建成的建筑物。

咨询 208：中介公司对违章建筑能不能提供居间服务？

律师解答：建设部颁发的《房屋登记办法》第二十二条规定：“有下列情形之一的，房屋登记机构应当不予登记：（一）未依法取得规划许可、施工许可或者未按照规划许可的面积等内容建造的建筑申请登记的……”

根据该办法规定，违章建筑未经主管部门处理并补办合法手续之前不可能取得房地产产权证，若就违章建筑签订买卖合同，该合同势必不能正常履行，也无法办理产权过户登记，因此，中介公司对于违章建筑不能提供居间服务。

咨询209：为购买违章建筑而签的房屋买卖合同有效吗？

律师解答： 最高院颁发的指导案例：【案号：（2014）民提字第216号】判决书内容载明："买卖违法建筑物的合同并非绝对无效。根据《中华人民共和国城乡规划法》第六十四条规定，未取得建设工程规划许可证或者未按照建设工程规划许可证的规定进行建设的，由县级以上地方人民政府城乡规划主管部门责令停止建设；尚可采取改正措施消除对规划实施的影响的，限期改正，处建设工程造价百分之五以上百分之十以下的罚款；无法采取改正措施消除影响的，限期拆除，不能拆除的，没收实物或者违法收入，可以并处建设工程造价百分之十以下的罚款。本案中，双方在《房地产买卖合同》及其后的50号调解书中，均明确加盖部分已经过行政处罚，城乡规划主管部门并未要求限期拆除，该加盖部分应属于'尚可采取改正措施消除对规划实施的影响的'保留使用建筑物，亦不应因此认定买卖合同无效。"

从上述内容我们可知，如属于"尚可采取改正措施消除对规划实施的影响的"违章建筑并在一审辩论终结前取得相关行政机关的审批文件的，合同有效。否则，关于违章建筑的买卖合同无效。

律师建议： 如中介公司发现居间的商品房上存在超房产证范围的情况，或是居间城中村的自建房交易时，中介公司应严格审查，若发现确有违章建筑的情况，应要求业主予以拆除，或在合同中明确标明存在违章建筑的情况及相应的部门，同时，也需在合同中明确该违章建筑不在交易的范围，不计入房价。

咨询210：小产权房指的是什么？

律师解答： 所谓"小产权房"是指在农民集体土地上建设的房屋，未缴纳土地出让金等费用，其产权证不是由国家房管部门颁发，而是由乡政府或村政府颁发，所以又叫"乡产权房"。

咨询211：中介公司在居间小产权房时应注意哪些问题？

律师解答：《中华人民共和国土地管理法》第十条规定："农民集体所有的土地依法属于村农民集体所有的，由村集体经济组织或者村民委员会经营、管理。"

根据该法律规定，小产权房的土地性质是集体所有，因此，建于该集体土地上的房子只能在集体内转让。

> **律师建议：**对于小产权房，国家目前的政策是严控上市交易，中介公司不能居间小产权房。即便小产权房需要交易，也只能在同一村集体组织内部（该村村民之间）转让，不得转让给该村集体以外的人。否则转让合同无效，造成买方经济损失的，中介公司可能也要承担相应的民事赔偿责任。

咨询212：什么是央产房？

律师解答：《中央在北京单位已购公房上市出售管理办法》第二条规定，央产房是指职工按房改成本价或标准价（含标准价优惠办法）购买的原产权属于中央在京单位的公有住房。职工根据国家政策，按照房改成本价或者标准价购买的由中央在京单位建设的安居工程住房和集资合作建设的住房，也视为央产房。

咨询213：央产房上市需要什么条件？

律师解答：《中央在北京单位已购公房上市出售管理办法》及《中央国家机关住房制度改革办公室、中共中央直属机关住房制度改革办公室关于做好中央在京单位已购公房上市出售工作有关问题的通知》的相关规定，满足以下条件的央产房可上市：第一，原产权单位已经建立住房档案；第二，已经取得房屋产权证；第三，有超标情况但已在原产权单位作过超标处理；第四，不属于国家安全、保密的特殊部门的住房，党政机关、科研部门及大专院校等单位在机关办公、教学、科研区内的住房。

咨询214：什么是房改房？

律师解答：房改房，又称已购公有住房，是指城镇职工根据国家和县级以上地方人民政府有关城镇住房制度改革政策规定，按照成本价或者标准价购买的已建公有住房。按照成本价购买的，房屋所有权归职工个人所有，按照标准价购买的，职工拥有部分房屋所有权，一般在5年后归职工个人所有。

咨询215：房改房上市需要什么条件？

律师解答：已购公有住房具备下列条件的可以出售、交换、赠与：

1. 已取得房地产权证；
2. 出售的，已按核准价或成本价付清房款；
3. 交换、赠与的，已按成本价付清房款；
4. 交纳应分摊共有建筑面积价款；
5. 已按规定交纳国有土地使用权出让金。

已购公有住房已按标准价或成本价付清房款，取得房地产权证的，可以抵押、出租。

下列已购公有住房不得上市：

1. 司法机关和行政机关依法裁定、决定查封或者以其他形式限制房地产权利的；
2. 在市房屋拆迁主管机关拆迁公告范围内的；
3. 产权共有的房屋，其他共有人不同意上市的；
4. 违反产权人与原产权单位购房约定的；
5. 国家、省、市规定不能上市的。

咨询216：什么叫经济适用房？

律师解答：经济适用住房是指根据国家经济适用住房建设计划安排建设的住宅。由国家统一下达计划，用地一般实行行政划拨的方式，免收土地出让金，对各种经批准的收费实行减半征收，出售价格实行政府指导价，按保本微利的原则确定。

咨询217：经济适用房上市需要什么条件？

律师解答：《经济适用住房管理办法》第三十条规定："经济适用住房购房人拥有有限产权。

购买经济适用住房不满五年，不得直接上市交易，购房人因特殊原因确需转让经济适用住房的，由政府按照原价格并考虑折旧和物价水平等因素进行回购。

购买经济适用住房满五年，购房人上市转让经济适用住房的，应按照届时同地段普通商品住房与经济适用住房差价的一定比例向政府交纳土地收益等相关价款，具体交纳比例由市、县人民政府确定，政府可优先回购；购房人也可以按照政府所定的标准向政府交纳土地收益等相关价款后，取得完全产权。"

上述规定应在经济适用住房购买合同中予以载明，并明确相关违约责任。根据上述规定，我们可知经济适用房购买满五年后，交纳土地出让金即拥有完全产权，便可上市交易。

咨询218：在签订房屋买卖合同前业主曾私自改变房屋结构，导致房屋无法过户，中介公司有错吗？

律师解答：《房屋登记办法》第二十二条规定："有下列情形之一的，房屋登记机构应当不予登记……（三）申请登记事项与房屋登记簿记载冲突的……”

《合同法》第一百〇七条规定：“当事人一方不履行合同义务或者履行合同义务不符合约定的，应当承担继续履行、采取补救措施或者赔偿损失等违约责任”。

据《房屋登记办法》第二十二条的规定，业主作为房屋买卖合同的卖方，其应保证所出售的房屋与房产证上所记载的信息是一致的，并确保产权能过户。如果卖方在未经相关部门对其房屋进行安全鉴定或对拆改方案进行审定的情况下私自改变房屋结构的，在变更产权登记时，房屋登记机构很有可能以房屋结构与房产证记载不符为由，拒绝办理过户登记。

如果因房屋结构被改而导致无法过户的，根据《合同法》第一百〇七条的规定，卖方履行合同义务不符合合同约定的，应承担相应的违约责任。作为中介公司，在居间过程中，如果事先知道交易房屋存在结构非法变动的事实而未如实告知买方的，且中介公司也需承担相应的过错责任。

律师建议：中介公司在居间过程中，应尽量审核卖方的房产证的附件——房产分户图，并现场核实，如存在明显的房产分户图与现场不一致的，应让卖方做出合理解释并出具承诺书。

第二章　二手房交易中的特殊交易方式

咨询 219：什么是“假赠与真买卖”？

律师解答： 房屋赠与是指房屋所有者将其房屋无偿转给受赠者的行为，所赠与房屋必须产权无纠纷，赠与的协议必须是赠与人和受赠人双方自愿。由于房屋是不动产，价值较大，法律要求赠与房屋必须签订书面合同（契约），并到房地产管理机关办理登记过户手续。而“假赠与真买卖”是指买房人因逃避税费或规避限购政策或其他原因，将自己需买受的房屋，让售房人以赠与的形式将房屋过户给自己以完成实际的房屋买卖交易。

咨询 220：用“假赠与”方式进行的房屋买卖交易行为是否违法无效？

律师解答： 从《中华人民共和国税收征收管理法》（以下简称《税收征收管理法》）的规定来看，为了偷逃国家税收而给真实的房屋买卖交易冠以“赠与”的名义，违反了国家税收政策，交易属于违法行为，必须承担相应的法律责任。根据《税收征收管理法》的规定，对纳税人偷税的，由税务机关追缴其不缴或者少缴的税款、滞纳金，并处不缴或者少缴的税款百分之五十以上五倍以下的罚款。构成犯罪的，还要依法追究刑事责任。

从《合同法》的规定来看，“假赠与真买卖”是恶意串通，损害国家利益、以合法形式掩盖非法目的以及违反法律、行政法规的强制性规定的行为。根据《合同法》的规定，恶意串通，损害国家、集体或者第三人利益的合同、以合法形式掩盖非法目的订立的合同以及违反法律、行政法规的强制性规定的合同均属于无效合同。

因此，“假赠与真买卖”是违法行为，且用于规避税费的买卖合同因违反法律法规的强制性规定也是无效的。

咨询 221：“假赠与真买卖”对买卖双方均存在哪些交易风险与法律风险？

律师解答：就卖方而言：《合同法》规定，“赠与合同是赠与人将自己的财产无偿给予受赠人”。由于赠与合同为无偿合同，房产交易过程中，卖方将面临得不到房款的巨大风险。按照赠与合同特有性质，受赠人无须向赠与人支付任何房款，即使事先私下有付款的约定，但如果买方不给卖方支付房款，卖方仍然存在无法通过法律手段要回房款的风险。

就买方而言：第一，按照赠与合同无偿的特性，赠与方（卖方）无需对房屋的质量或瑕疵承担责任，买方无疑需要承担对房屋使用过程中存在的质量或瑕疵无法追偿风险；

第二，赠与虽是一个诺成合同，即一达成赠与协议即发生法律效力，但赠与的另一特性是随意撤销权，即赠与人可随时随意撤销赠与（法律规定的除外），赠与方（卖方）可随意反悔，随时撤销赠与合同。因此，买方面临着卖方随时可能反悔违约的风险；

第三，如果交易的房屋最终买方还是要再出售，将交纳更多税费。国家税务总局明确，受赠人取得赠与人无偿赠与的不动产后，再次转让该项不动产的，在缴纳个人所得税时，以财产转让收入减除受赠、转让住房过程中缴纳的税金及有关合理费用后的余额为应纳税所得额，按 20% 的适用税率计算缴纳个人所得税，买方存在付出远远超过正常交易的税费；

第四，受赠房屋不能办理按揭贷款业务，银行会认定受赠方（买方）不需要付出任何金钱，一般很难批到按揭贷款，买方存在付不了尾款的违约风险。

咨询 222：中介公司能否使用假赠与的方式帮买方实现买房的目的？

律师解答：《房地产经纪管理办法》第二十五条规定：“房地产经纪机构和

房地产经纪人员不得有下列行为……（五）为交易当事人规避房屋交易税费等非法目的，就同一房屋签订不同交易价款的合同提供便利……（十）法律、法规禁止的其他行为。”

以上规定明确表明，经纪人不得为交易当事人规避房屋交易税费等提供便利，不得做法律法规禁止的行为。“假赠与真买卖”的交易方式旨在避税，已违反了税收管理的相关规定，属于恶意串通，损害国家、集体或者第三人利益的行为，也是以合法形式掩盖非法目的订立合同的行为，属于法律法规禁止的其他行为，故而经纪人不得协助买方实行该类行为。

律师建议：

（1）若中介公司协助买卖双方避税，一旦被举报或查处就会面临行政处罚。

（2）如以假赠与的方式避税是中介公司主动提议并协助的，如因假赠与避税的方式遭到相关部门查处或是买卖双方因此产生纠纷，导致实际的房屋买卖合同履行不能、造成买卖双方损失的，中介公司甚至可能要承担相应的民事赔偿责任。

咨询223：什么是“阴阳合同”？

律师解答：所谓“阴阳合同”，是指合同当事人就同一事项订立两份以上的内容不完全（尤其是合同价款）相同的合同，一份是房屋买卖双方之间真实的交易合同即“阴合同”，一份提供给银行或房管部门的虚假合同即“阳合同”。“阳合同”一般都不是双方真实意思表示，而以逃避国家税收或套取银行更高贷款等为目的；“阴合同”则是双方真实意思表示。“阴阳合同”不仅是一种违规行为，甚至是一种严重违法行为，在给当事人带来不当“利益”的同时，也存在巨大的风险。

咨询224：为规避税费而签的“阴阳合同”是否一律都无效？

律师解答：《合同法》第五十二条规定，有下列情形之一的，合同无效。

（一）一方以欺诈、胁迫的手段订立合同，损害国家利益；

（二）恶意串通，损害国家、集体或者第三人利益；

（三）以合法形式掩盖非法目的；

（四）损害社会公共利益；

（五）违反法律、行政法规的强制性规定。

“阴阳合同”的目的是规避税费或套取银行超出规定额度的贷款。从《税收征收管理法》的规定来看，为了偷逃国家税收而签订“阳合同”的行为，违背了国家税收政策，属于违法行为；为套取银行高额贷款而签订“阳合同”的行为同样是违法行为，情形严重的有可能触犯刑法，承担刑事责任。当然，这并不意味着该“阴合同”与“阳合同”都无效，“阴合同”是买卖双方实际履行的合同，体现了买卖双方真实的意思表示，是成立生效的合同。但“阳合同”因签订是基于实现非法目的的，已构成“以合法形式掩盖非法目的；”一旦一方起诉至法院要求认定合同的效力，该“阳合同”就会被法院认定为无效合同。

律师建议：无论是为了规避税费，还是为了获取银行高额贷款，作为中介公司，均不能配合出具“阴阳合同”，更不能建议买卖双方签订“阴阳合同”。否则，可能导致中介公司不仅无权获得居间服务费，而且还会受到行政管理部门的行政处罚，造成买卖损失的，甚至还可能要承担相应的民事赔偿责任。

咨询225：什么是“借名买房”？

律师解答：自限购政策施行之后，部分有购房需求的人失去了购房资格，无法在房地产中心进行交易过户而借用他人名义买房；也有部分借名人因为其他原因不愿意以自己的名义而借用他人名义买房。上述情况就是典型的“借名买房”，即以父母、子女或者其他人的名义购房并将房屋登记在被借名人名下，而购房款项却由借名人自己支付的购房方式。

咨询226：法律是否允许“借名买房”？

律师解答：对于“借名买房”是否为法律允许，各地法院出台了相应的规定或意见，如2010年12月，北京市高级法院印发《关于审理房屋买卖合同纠纷案件适用法律若干问题的指导意见》第15条规定：“当事人约定一方以他人名义购买房屋，并将房屋登记在他人名下，借名人实际享有房屋权益，借名人依据合同约定要求登记人（出名人）办理房屋所有权转移登记的，可予支持。但是，该房屋因登记人的债权人查封或其他原因依法不能办理转移登记，或者涉及善意交易第三人利益的除外。”第16条规定：“借名人违反相关政策、法规的规定，借名购买经济适用住房等政策性保障住房，并登记在他人名下，借名人主张确认房屋归其所有或者依据双方之间的约定要求登记人办理房屋所有权转移登记的，一般不予支持。”

从上述规定，可以归纳出如下要点：

（1）如果借名购的是普通商品房，借名人要求更名的，法院一般会支持。

（2）如果借名购的是经济适用住房等政策性保障住房，借名人要求更名的，法院一般不予支持。

（3）借名买房存在被借名人出售、出租、抵押的风险以及因被借名人个人债务被查封、被拍卖的风险。

律师建议：

“借名买房”存在法律风险，尽量不要“借名买房”，中介公司更不要建议及配合客户“借名买房”，如果客户自己要“借名买房”也需要做好以下工作：

（1）一定要与被借名人签订“借名买房”协议，并对双方的权利义务约定清楚。

（2）要求被借名人开专用账户，所有购房款及按揭款均通过该专用账户支付。

（3）借名人所有购房款均通过银行转账形式支付，并保留转账凭证。

（4）如果借名买的房未在办理贷款的，也可以由借名人与被借名人办理抵押登记，将该借名的房屋抵押给借名人。

咨询227：房屋买卖不过户，只做“全权委托”公证，对买卖双方存在哪些风险？

律师解答：一、房屋买卖不过户，只做“全权委托”公证，对卖方存在的风险

（1）因房屋未过户，存在影响卖方重新买房的资格（限购政策区域）的风险。

（2）因房屋未过户，若因卖方债务纠纷或其他纠纷导致交易房屋被查封，存在卖方对买方违约的风险。

（3）因房屋未过户，若因该房屋被再次出售后出现纠纷或重大民、刑事案件，存在被追究法律责任或影响征信的风险。

二、房屋买卖不过户，只做“全权委托”公证，对买方存在的风险

（1）因房屋未过户，存在卖方私自撤销“全权委托”，不配合办理过户的风险。

（2）因房屋未过户，存在房价上涨后卖方以合同就交易主体约定不明要求解除合同的风险。

（3）因房屋未过户，若因卖方债务纠纷或其他纠纷导致交易房屋被查封，存在无法过户的风险。

（4）因房屋未过户，存在卖方一房多卖的风险。

第4篇

一手房买卖居间法律问题

咨询228：什么是“预售许可证”？

律师解答：“商品房预售许可证”是市、县人民政府房地产行政管理部门允许房地产开发企业销售商品房的批准文件。

咨询229：就未取得预售许可证的商品房所签订的《商品房预售合同》是否有效？

律师解答：根据《最高人民法院关于审理商品房买卖合同纠纷案件适用法律若干问题的解释》第二条的规定：“出卖人未取得商品房预售许可证明，与买受人订立的商品房预售合同，应当认定无效，但是在起诉前取得商品房预售许可证明的，可以认定合同有效。”因此，若未取得预售许可证的商品房不得买卖，即使签订了商品房预售合同，合同也是无效的。

咨询230：有预售许可证但没有出产权证的房子能再次签订房地产买卖合同吗？

律师解答：《城市房地产管理法》第三十八条规定：“下列房地产，不得转让……（六）未依法登记领取权属证书的……”大多数法学专家对此处的“转让”理解为产权过户行为，而非签订房屋买卖合同行为。因此，对于该法条的正确理解应是：未取得房产证的房屋，仅凭商品房买卖合同要求将房子过户给他人的，房管局不予办理。故在司法实践中，多数法院认为，有预售许可证签订了商品房预售合同的买方，若与他人约定在取得房产证后将房屋卖给他人的，合同应认定合法有效。所以有预售许可证但没有出产权证的房子能再次签订房地产买卖合同。

律师建议：中介公司尽量不要居间此类没有出产权证的房屋，因为即使有预售许可证但产权证尚未办理，就可能出现一手房产证无法办理或延迟办理的特殊情况，一旦出现这样的情况，再次签订的房地产买卖合同就将得不到履行或无法按时顺利履行，出现履行不能或不能按时履约的法律风险。另，中介公司即便提供居间服务，也要在合同中明确告知买方该交易房屋尚未办理产权证的真实情况，不得隐瞒，并在合同中明确约定卖方应积极办理产权证，并在产证权出来后卖方配合办理按揭、递件交易等手续的日期进行具体明确约定。

咨询231：认购书有何法律效力？

律师解答：《最高人民法院关于审理商品房买卖合同纠纷案件适用法律若干问题的解释》第五条规定："商品房的认购、订购、预订等协议具备《商品房销售管理办法》第十六条规定的商品房买卖合同的主要内容，并且出卖人已经按照约定收受购房款的，该协议应当认定为商品房买卖合同。"

《商品房销售管理办法》第十六条规定："商品房买卖合同应当明确以下主要内容：

（一）当事人名称或者姓名和住所；

（二）商品房基本状况；

（三）商品房的销售方式；

（四）商品房价款的确定方式及总价款、付款方式、付款时间；

（五）交付使用条件及日期；

（六）装饰、设备标准承诺；

（七）供水、供电、供热、燃气、通信、道路、绿化等配套基础设施和公共设施的交付承诺和有关权益、责任；

（八）公共配套建筑的产权归属；

（九）面积差异的处理方式；

（十）办理产权登记有关事宜；

（十一）解决争议的方法；

（十二）违约责任；

（十三）双方约定的其他事项。”

因此，认购书基本条款具备《商品房销售管理办法》第十六条的上述内容，则认购书可认定为商品房买卖合同，买卖双方可依此要求对方履行房屋交易的相关义务。但目前大多数开发商的认购书一般只会约定“乙方（购房人）必须按照双方约定的付款方式和期限到甲方（房地产公司）支付首期款并签署《商品房买卖合同》”，这种情况下认购书是一个预约合同，不具有商品房买卖合同的法律效力。

咨询 232：开发商交房时必须具备的“五证”“两书”是什么？

律师解答：“五证”是：①国有土地使用证；②建设用地规划许可证；③建设工程规划许可证；④建设工程开工证；⑤商品房预售许可证。“两书”是《住宅质量保证书》和《住宅使用说明书》。

咨询 233：签订预售合同后，买方能否要求变更姓名？

律师解答：变更买方即为变更合同主体，合同主体变更实际上是签订了一份新的预售合同，如果预售合同尚未在房地产交易中心进行预售备案，且只需在开发商处办理转名手续，若该预售合同已经在房地产交易中心进行了预售备案，且需要在解除原合同的情况下，撤销原已经备案的预售合同，新买方才能重新与开发商签订商品房预售合同。

咨询 234：预售商品房开发商擅自变更设计，买方应如何处理？

律师解答：《商品房销售管理办法》第二十四条规定：“房地产开发企业应当按照批准的规划、设计建设商品房。商品房销售后，房地产开发企业不得擅自变更规划、设计。经规划部门批准的规划变更、设计单位同意的设计变更导致商品房的结构形式、户型、空间尺寸、朝向变化，以及出现合同当事人约定的其他影响商品房质量或者使用功能情形的，房地产开发企业应当在变更确立之日起10日内，书面通知买房人。买房人有权在通知到达之日起15日内做出是否退房的书面答复。买房人在通知到达之日起15日内未作书面答复的，视同接受规划、设计变更以及由此引起的房价款的变更。房地产开发企业未在规定时限内通知买房人的，买房人有权退房；买房人退房的，由房地产开发企业承担违约责任。”。

开发商擅自变更设计，如果影响到商品房的结构形式、户型、空间尺寸、朝向变化，买方有得到有关通知后，可以根据自身的需要，有权选择继续交易，但同时也应接受由此变更设计而引起的房价款的变更。买方也有权选择退房，并要求开发商承担违约责任。

> **律师建议：**买方选择退房的，应该在规定的15日做出退房的书面答复（口头答复难以举证），超过此期限，且视同接受规划、设计变更。

咨询235：买方是否可以依据商品房预售广告追究开发商违约责任？

律师解答：《最高人民法院关于审理商品房买卖合同纠纷案件适用法律若干问题的解释》第三条规定：“商品房的销售广告和宣传资料为要约邀请，但是出卖人就商品房开发规划范围内的房屋及相关设施所作的说明和允诺具体确定，并对商品房买卖合同的订立以及房屋价格的确定有重大影响的，应当视为要约。该说明和允诺即使未载入商品房买卖合同，亦应当视为合同内容，当事人违反的，应当承担违约责任。”

根据最高人民法院的该司法解释，买方是否可依据商品房预售广告追究开发商的责任，就需要看该广告的内容是否具体明确，且是否对买方造成重大心理影响。如果该广告的内容具体、明确，对买方的购房意向有重大影响的，则视为合同的一部分，开发商若交房不符合广告载明的标准，买方可要求开发商承担违约责任。否则，该广告仅为要约邀请，不能依此要求开发商承担违约责任。

律师建议：买方在购买期房时，应保留开发商的传单、楼盘介绍等书面资料，同时，对开发商开放的样板房、沙盘进行拍照留存，以备日后发生纠纷时作为证据使用。

第5篇

房屋租赁居间法律问题

咨询236：业主委托他人放租，中介公司在居间时应注意哪些事项？

律师解答：《城市房地产管理法》第五十三条规定："房屋租赁，是指房屋所有权人作为出租人将其房屋出租给承租人使用，由承租人向出租人支付租金的行为。"虽然法律规定房屋租赁是房屋所有权人将房屋出租给承租人，但这一规定为一般任意性解释规定，当事人不违反法律、行政法规的效力性强制规定可以自行约定合同内容。所以出租人原则上应为租赁物的所有权人，但经合法授权，被委托出租房屋的受托人也可以出租房屋。

《民法通则》第六十三条规定："公民、法人可以通过代理人实施民事法律行为。代理人在代理权限内，以被代理人的名义实施民事法律行为。被代理人对代理人的代理行为，承担民事责任。依照法律规定或者按照双方当事人约定，应当由本人实施的民事法律行为，不得代理。"

因此，有业主合法授权的受托人可以在业主授权的范围和期限内放租，业主可以委托他人进行放租。

律师建议：业主授权的代理人放租时，中介公司要注意：首先，要让受托人提供业主的书面委托，最好是公证的委托。如果是口头委托或未经过公证的书面委托，中介公司一定要与业主核实委托的真实性，并对核实的过程进行录音录像以确保授权合法。其次，要核对清楚受托人有无收取租金、押金的权限以及租赁期限等与租赁有关的重要条款约定，最好是将租金、押金直接转入业主本人的账户。

咨询 237：承租人转租租赁物业的，中介公司居间时应注意哪些事项？

律师解答：《合同法》第二百二十四条规定："承租人经出租人同意，可以将租赁物转租给第三人。承租人转租的，承租人与出租人之间的租赁合同继续有效，第三人对租赁物造成损失的，承租人应当赔偿损失。承租人未经出租人同意转租的，出租人可以解除合同。"

《最高人民法院关于审理城镇房屋租赁合同纠纷案件具体应用法律若干问题的解释》第十六条规定："出租人知道或者应当知道承租人转租，但在六个月内未提出异议，其以承租人未经同意为由请求解除合同或者认定转租合同无效的，人民法院不予支持。"

根据该规定，承租人要想将租来的房屋再次转租给他人，一定要经过业主的同意，否则业主可以解除租赁合同。但为鼓励资源自由流动，不过分限制转租，如出租人明知或应当知道承租人转租在六个月内怠于行使权利，主张转租合同无效的，人民法院不予支持。

律师建议：中介公司在居间此类承租人转租物业时，首先，应重点审查承租人是否有转租权，如果承租人与出租人的租赁合同中有明确约定承租人有转租权的，承租人可以转租该物业，如没有，则需要承租人出具出租人书面同意转租的同意转租证明；其次，还要注意转租的期限不要超过承租人与原出租人签署的租赁合同的最长期限。

咨询 238：外籍人员租赁物业时，中介公司需要注意哪些问题？

律师解答：外国人租赁物业时，考虑承租物业的一方身份的特殊性，中介公司在居间时，除了要全面审核该外籍承租人的身份资料以外，还要对其履行合同的能力、违约后追偿的难易度进行调查了解，以确保合同的效力以及外籍承租人的履约保障。

律师建议：

（1）中介公司应审核并复印外籍承租人护照、工作签证、居留证明，以防承租人为非法居留人员或从事非法活动。

（2）租赁期限最好不要超过其护照、工作签证、居留证明上所载明的最长期限。

（3）尽量要求该外籍承租人提供工作证明。

（4）尽量要求该外籍承租人提供本地人员作为合同履约担保人或中介公司在签订合同时提高押金金额。

咨询239：当遇到公司员工代公司租房时，中介公司应注意什么问题？

律师解答：《民法通则》第六十三条规定："公民、法人可以通过代理人实施民事法律行为。代理人在代理权限内，以被代理人的名义实施民事法律行为。被代理人对代理人的代理行为，承担民事责任。依照法律规定或者按照双方当事人约定，应当由本人实施的民事法律行为，不得代理。"

公司员工代公司租房属于民事代理行为，即该员工的行为属于公司授权的公司行为。因此，公司员工可以代公司进行租房。

律师建议：

（1）要核实员工身份，要求其提供身份证和工作证明，确认其是否系该公司员工。

（2）要求该员工提供该公司书面授权委托，或电话核实是否经过公司授权并对核实过程进行录音录像。

（3）要核实授权事项、权限以及授权时间。

（4）也可让员工签订书面承诺书承诺其本身具有代理行为，否则要承担相应责任。

咨询 240：中介公司能否为宅基地房屋提供租赁居间服务？

律师解答：《物权法》第一百五十三条规定：“宅基地使用权的取得、行使和转让，适用土地管理法等法律和国家有关规定。”

《中华人民共和国土地管理法》第六十二条规定：“农村村民一户只能拥有一处宅基地，其宅基地的面积不得超过省、自治区、直辖市规定的标准……农村村民出卖、出租住房后，再申请宅基地的，不予批准。”

我国法律和有关政策虽无明确规定宅基地上房屋可以出租，但也并未禁止不能出租，仅是规定农村村民出卖、出租住房后，不再批准新的宅基地。鉴于宅基地房屋出租并不发生房屋所有人和土地使用权人主体的改变，也不违反法律法规的强制性规定，中介公司可以为宅基地房屋提供出租居间服务。

> **律师建议：**中介公司在居间宅基地房屋租赁业务时，要核实宅基地使用权权利人情况，确保权利人享有出租权利。

咨询 241：中介公司成功促成房屋租赁后，业主将房屋抵押，债权人实现抵押权（拍卖）时是否影响承租人的权利？

律师解答：《物权法》第一百九十条规定：“订立抵押合同前抵押财产已出租的，原租赁关系不受该抵押权的影响……”该规定表明，房屋先出租再被抵押的，债权人实现抵押权不能影响承租人依法承租的权利，因此，即便抵押的房屋被司法拍卖或以物抵债均不影响承租人在租赁期内的合法居住权。

> **律师建议：**虽然中介公司在居间过程中并不存在过错，但中介公司在知悉租赁房屋抵押或拍卖等相关情况时，还是应该及时告知承租人。

咨询 242：租赁的房屋出租前已办理抵押登记，中介公司提供居间服务时应注意哪些事项？

律师解答：《物权法》第一百九十条规定：“……抵押权设立后抵押财产出

租的，该租赁关系不得对抗已登记的抵押权。”

《最高人民法院关于适用〈担保法〉若干问题的解释》第六十六条规定：“抵押人将已抵押的财产出租的，抵押权实现后，租赁合同对受让人不具有约束力。抵押人将已抵押的财产出租时，如果抵押人未书面告知承租人该财产已抵押的，抵押人对出租抵押物造成承租人的损失承担赔偿责任；如果抵押人已书面告知承租人该财产已抵押的，抵押权实现造成承租人的损失，由承租人自己承担。”

《合同法》第二百二十八条规定：“因第三人主张权利，致使承租人不能对租赁物使用、收益的，承租人可以要求减少租金或者不支付租金。”

上述法律明确规定，已经抵押的房屋再出租的，租赁合同对抵押权人不具有约束力，即意味着承租人的承租权利得不到保障，在抵押权人将房屋拍卖或抵债后，新的业主可以要求承租人提前搬离所居住的房屋。如果中介公司在出租前未告知承租人出租的房屋已办理抵押的情况，中介公司会因未如实履行告知义务而承担相应的法律风险。

律师建议：

（1）中介公司在提供房屋出租的居间服务时，应到房管部门查册，以确定出租的房屋是否已经抵押给他人。

（2）如果房产已办理抵押的，中介公司应如实告知承租人并在合同中予以明确记载，证明中介公司已经尽到如实告知义务，承租人仍愿意承租的，后期相应损失由承租人自己承担。

咨询 243：出租的房屋已被法院查封，中介公司还能为此类房屋提供租赁的居间服务吗？

律师解答：《最高人民法院关于审理城镇房屋租赁合同纠纷案件具体应用法律若干问题的解释》第八条规定：“因下列情形之一，导致租赁房屋无法使用，承租人请求解除合同的，人民法院应予支持：（一）租赁房屋被司法机关或者行政机关依法查封的……”以及第二十条规定：“租赁房屋在租赁期间发生所有权变动，承租人请求房屋受让人继续履行原租赁合同的，人民法院应予支持。但租赁房屋具有下列情形或者当事人另有约定的除外……（二）房屋在出租前已被人民法院依法查封的。”

《最高人民法院关于人民法院民事执行中查封、扣押、冻结财产的规定》第二十六条规定：“被执行人就已经查封、扣押、冻结的财产所作的移转、设定权利负担或者其他有碍执行的行为，不得对抗申请执行人。”

上述规定表明：承租人先承租，在租赁期间发生房屋被司法查封的情况，原有的租赁关系不受影响，承租人可以在租赁期间继续承租。但如果房屋在出租前就已经被司法查封，该租赁关系不得对抗查封申请人，即意味着承租人的承租权没有保障，一旦承租的房屋被司法拍卖或抵债，承租人即丧失继续承租的权利。同样，中介公司在居间被司法查封的房屋时也面临着很大的风险。

律师建议：

（1）中介公司在提供房屋出租的居间服务时，应先到房管部门查册，确定出租的房屋是否已经被司法机关查封。

（2）如果房产已被司法查封的，中介公司应如实告知承租人，如果承租人仍愿意承租的，中介公司应将此情况在合同中予以明确记载，由此造成的损失由承租人自己负责。

咨询244：中介公司能否为违章建筑物提供租赁居间服务？

律师解答：违章建筑是指未经有关部门审查批准或采取欺骗手段骗取批准或虽经批准，但批准的内容违法而占地所建、扩建和改建的建筑物。

《最高人民法院关于审理城镇房屋租赁合同纠纷案件具体应用法律若干问题的解释》第二条规定：“出租人就未取得建设工程规划许可证或者未按照建设工程规划许可证的规定建设的房屋，与承租人订立的租赁合同无效。但在一审法庭辩论终结前取得建设工程规划许可证或者经主管部门批准建设的，人民法院应当认定有效。”

第三条规定：“出租人就未经批准或者未按照批准内容建设的临时建筑，与承租人订立的租赁合同无效。但在一审法庭辩论终结前经主管部门批准建设的，人民法院应当认定有效。”

由此可见，中介公司就违章建筑的租赁达成的租赁合同是无效合同，除非违章建筑在一审法庭辩论终结前取得相关部门批准建设的。而中介公司作为专业的房屋居间服务者，应当就居间房屋权属状态进行审查，对居间房屋违章建筑的情况有知悉的义务，否则因居间的租赁合同无效，中介公司不仅不能收取中介费，造成承租人损失的，还应承担相应的责任。

律师建议：对于违章建筑，中介公司不宜进行居间，即便居间也需要明确告知承租人承租的房屋为违章建筑，相应损失后果由其自行承担。另，如果房屋整体包含违章建筑，房屋可以出租，但出租范围不应包含违章建筑部分。

咨询 245：中介公司能否为房中房提供租赁居间服务？

律师解答：房中房出租是指业主将一个普通住宅单位分间成不少于两个较细小的独立单位，然后做出租之用。

《商品房屋租赁管理办法》第八条规定：“出租住房的，应当以原设计的房间为最小出租单位，人均租住建筑面积不得低于当地人民政府规定的最低标准。厨房、卫生间、阳台和地下储藏室不得出租供人员居住。出租人出租房屋时不得改变原有房屋结构用于出租，否则其出租行为不具有法律效力。”

《房地产经纪管理办法》第二十五条规定：“房地产经纪机构和房地产经纪人员不得有下列行为……（六）改变房屋内部结构分割出租……”

综上，房中房的租赁是不合法的，中介公司所促成的此类租赁合同不仅没有法律效力，也严重违反了行政管理规定，一旦发生事故，如火灾、煤气中毒等，中介公司除承担民事责任外，还将受理行政管理部门的行政处罚。

律师建议：中介公司不要为房中房提供租赁的居间服务。

咨询246：出租人应在什么情况下向承租人退还租赁押金？

律师解答：押金的作用一般是为防止物品损害或是违约而做的担保。对于租赁押金的退还，合同有约定的，按合同约定退还，如果租赁合同没有明确押金的性质或退还条件，出租人应于租赁关系消除或是解除时且承租人迁空、交楼并付清所有应付费用后的当天将租房押金全额无息退还给承租人。

> **律师建议：**中介公司应在租赁合同中明确约定押金的性质、可以抵用的情况（如抵扣拖欠水电费、物业管理费等）以及退还的条件，尽量避免因无约定而产生纠纷。

咨询247：承租人要求用租赁押金抵最后两个月房租，该要求是否合理？

律师解答：押金，是一方当事人将一定费用存放在对方处保证自己的行为不会对对方利益造成损害，如果造成损害的可以以此费用据实支付或另行赔偿，其作用一般是为防止物品损害或是违约担保，具有一定程度的担保作用。押金按性质来分可分为履约保证金、使用担保金和恢复原状保证金。合同中约定押金性质的不同，合同主体据此行使的权利义务也就不同。

我国法律无明文规定禁止租赁押金不可以抵房租，但也不产生租赁押金必然可以抵租金的法律后果。是否可以抵房租，应由租赁双方在合同中予以明确约定，如果合同未约定，且出租人不同意以押金抵租金的，承租人擅自要求以租赁押金抵最后两个月房租的要求既没有法律依据，也没有合同约定，是不合理的。

> **律师建议：**中介公司应在租赁合同中就押金性质进行明确约定以及是否可以抵租金进行明确约定。

咨询248：出租人违约，承租人是否可以要求双倍返还押金？

律师解答：《最高人民法院关于适用〈中华人民共和国担保法〉若干问题

的解释》中第一百一十八条规定："当事人交付留置金、担保金、保证金、订约金、押金或者订金等，但没有约定定金性质的，当事人主张定金权利的，人民法院不予支持。"

具体到房屋租赁合同中，如果当事人在合同中没有具体约定出租人违约时承租人可以要求双倍返还押金，则押金不产生定金效力，承租人不可以要求双倍返还押金。

律师建议：中介公司在签署房屋租赁合同时，可建议租赁双方在租赁合同中明确约定，出租人违约时应承担双倍返还押金的违约责任。

咨询 249：租赁房屋内部设施的维修应由谁负责？

律师解答：《合同法》第二百二十条规定："出租人应当履行租赁物的维修义务，但当事人另有约定的除外。"以及第二百二十一条规定："承租人在租赁物需要维修时可以要求出租人在合理期限内维修。出租人未履行维修义务的，承租人可以自行维修，维修费用由出租人负担。因维修租赁物影响承租人使用的，应当相应减少租金或者延长租期。"国务院《城市私有房屋管理条例》第 19 条规定："修缮出租房屋是出租人的责任。出租人对房屋及其设备，应当及时、认真地检查、修缮，保障住房安全。房屋出租人对出租房屋确实无力修缮的，可以和承租人合修。承租人付出的修缮费用可以折抵租金或由出租人分期偿还。"

由以上规定可知，若承租人与出租人在租赁合同中对租赁房屋的维修应由哪方负责没有约定或约定不明的，则按法律规定由出租人承担维修义务。

律师建议：中介公司应在出具的租赁合同中就由哪方承担租赁房屋的维修义务进行明确约定。在租赁期间，承租人如发现房屋缺陷，应采取有效措施以防止缺陷扩大，并立即通知出租人。

咨询 250：租赁期间，租赁房屋自带的家私家电的维修责任应由谁承担？

律师解答：《合同法》第二百一十八条规定："承租人按照约定的方法

或者租赁物的性质使用租赁物，致使租赁物受到损耗的，不承担损害赔偿责任。”第二百一十九条规定：“承租人未按照约定的方法或者租赁物的性质使用租赁物，致使租赁物受到损失的，出租人可以解除合同并要求赔偿损失。”

司法实践中，大多数法院认为租赁房屋自带的家私家电为租赁房屋不可分割的部分，并将其定义为租赁物。因此，若合同对家私家电维修由谁负责维修有约定的，按该约定办理。没有约定的，若需维修情况的出现是正常使用发生的自然损耗，则由出租人承担；若是因承租人使用不当导致的，则由承租人承担。

律师建议：中介公司应在租赁合同中就由哪方承担租赁房屋自带的家私家电的维修义务进行明确约定。

咨询 251：租赁税应由谁承担？

律师解答：《中华人民共和国个人所得税法》第二条“下列各项个人所得，应纳个人所得税…八、财产租赁所得。”的规定，出租人因出租房屋所得的收入应缴纳个人所得税，出租人是纳税义务人。但是，法律也并未禁止其他人代为缴纳相关税费，租赁双方也可就税费的承担在租赁合同中予以明确约定。

律师建议：中介公司在签署房屋租赁合同时，可在租赁合同中就租赁税费应由哪方承担明确约定。

咨询 252：交付租赁物时，中介公司应需要注意哪些问题？

律师解答：《合同法》第二百一十六条规定：“出租人应当按照约定将租赁物交付承租人，并在租赁期间保持租赁物符合约定的用途。”因此，业主在交付租赁房屋（包括附属设施）时应按照约定的时间、约定的标准交付给承租人占用使用。

律师建议：中介公司在协助租赁双方办理交付手续时，应由承租人与出租人在交付租赁房屋时签订交付确认表，对租赁房屋的现状、附带的家私家电的品种数量及水电度数等进行交接确认。

咨询253：承租人在对租赁房屋进行装修的过程中，装修人员发生事故，承租人需要承担责任吗？

律师解答：《最高人民法院关于审理人身损害赔偿案件适用法律若干问题的解释》第十条规定："承揽人在完成工作过程中对第三人造成损害或者造成自身损害的，定作人不承担赔偿责任。但定作人对定作、指示或者选任有过失的，应当承担相应的赔偿责任。"

承租人与装修人员之间形成的是承揽合同关系，根据以上司法解释的规定，若承租人对装修人员在装修过程中发生事故存在过失的，需承担相应的赔偿责任，否则承租人不需承担责任。

律师建议：承租人需要对租赁房屋进行装修时，应聘请专业的、正规的、有资质的装修公司进行装修，若承租人聘请的是非专业的、没有资质的包工头进行装修，承租人将因其选任装修人员过失承担相应的赔偿责任。

咨询254：租赁期间，因出租人违约解除合同，承租人可以要求出租人赔偿装修损失吗？

律师解答：《最高人民法院关于审理城镇房屋租赁合同纠纷案件具体应用法律若干问题的解释》第十一条规定："承租人经出租人同意装饰装修，合同解除时，双方对已形成附合的装饰装修物的处理没有约定的，人民法院按照下列情形分别处理：（一）因出租人违约导致合同解除，承租人请求出租人赔偿剩余租赁期内装饰装修残值损失的，应予支持……"第十三条规定："承租人未经出租人同意装饰装修或者扩建发生的费用，由承租人负担。出租人请求承租人恢复原状或者赔偿损失的，人民法院应予支持。"

因此，对于租赁期间，承租人对租赁房屋进行装修，合同解除后，若装修物未形成附合的，不管出租人同意不同意装修，由于装修物与租赁房屋独立存在，承租人仍享有所有权，可以直接拆除，出租人不需赔偿装修损失；

若装修物形成附合的，装修款的处理应分为两种分别处理：第一，如果承租人经出租人同意而装修，现因出租人违约导致合同解除的，承租人可要求出租人赔偿租赁期内装饰装修残值损失。第二，如果承租人是未经出租人同意进行装修的，即使是因出租人违约导致合同解除的，承租人都不得向出租人要求装修损失。

律师建议：对于承租人要求对租赁房屋进行装修的，中介公司应在租赁合同中对此进行明确约定或要求出租人出具同意装修的书面文件。

咨询255：租赁合同没到期，出租人将房子卖给他人，新业主有权要求提前解除租赁合同吗？

律师解答：《合同法》第二百二十九条规定："租赁物在租赁期间发生所有权变动的，不影响租赁合同的效力。"

《最高人民法院关于审理城镇房屋租赁合同纠纷案件具体应用法律若干问题的解释》第二十条规定："租赁房屋在租赁期间发生所有权变动，承租人请求房屋受让人继续履行原租赁合同的，人民法院应予支持。但租赁房屋具有下列情形或者当事人另有约定的除外：（一）房屋在出租前已设立抵押权，因抵押权人实现抵押权发生所有权变动的；（二）房屋在出租前已被人民法院依法查封的。"

《合同法》第二百二十九条的规定是法律明确对"买卖不破租赁"这一原则的直接规定，是指在租赁关系存续期间，租赁物被让与或设定物权的，承租人对取得租赁物所有权的人可以主张租赁权，除非出租人与承租人有特别约定，或房屋在出租前已被查封或已设立抵押而发生产权变动的，则新业主都无权单方提前解除合同。

律师建议：中介公司在签署合同时应要求出租人提供租赁房屋最新查册表，以确定出租的房屋是否存在抵押以及司法查封，并将相关信息以及可能产生的风险告知承租人（最好写入租赁合同）。

咨询256：租赁期间，出租人有权自行开门进入出租屋吗？

律师解答：《中华人民共和国侵权责任法》第二条规定："侵害民事权益，应当依照本法承担侵权责任。本法所称民事权益，包括生命权、健康权、姓名权、名誉权、荣誉权、肖像权、隐私权、婚姻自主权、监护权、所有权、用益物权、担保物权、著作权、专利权、商标专用权、发现权、股权、继承权等人身、财产权益。"

隐私权作为一种基本人格权利，是指自然人享有的对其个人的、与公共利益、群体利益无关的个人信息、私人活动和私有领域进行支配的人格权。

房屋是个人的私密空间、私有领域，房东将房屋租给承租人，也就意味着将私密空间转给了承租人，承租人对出租屋便享有支配的权利。出租人要进屋，需要取得承租人的同意，否则就侵害了承租人对个人私有领域的支配，侵犯了承租人的隐私权，承租人有权要求出租人承担相应的侵权责任。

综上，出租人无权私自进入已出租的房屋，如在没经同意的情况下进入，出租人就侵犯了承租人的隐私权。

咨询257：承租人欠租超过一个月，出租人且无法联系上的，出租人有权直接破门收房吗？

律师解答：《合同法》规定："当事人可以约定一方解除合同的条件。解除合同的条件成就时，解除权人可以解除合同。""当事人……主张解除合同的，应当通知对方。合同自通知到达对方时解除。"

根据上述规定，出租人在没有合法解除租赁合同的基础上，是无权直接破门收房的，若出租人贸然收房，则可能侵犯了承租人的居住权、隐私权和财产权。因此，出租人首先应解除租赁合同并通知到承租人，然后再行使收回租赁房屋的权利。

律师建议：

（1）中介公司在租赁合同中要明确约定，承租人未按期支付租金超过多少时间（又称宽限期）出租人有权解除合同并收回出租房屋。

（2）在承租人未按期支付租金后，中介公司应及时发出催促履行通知函，通知承租人在宽限期内支付租金。

（3）在承租人超过宽限期仍未支付租金的，中介公司需要提醒出租人向承租人发出解除租赁合同的通知。

（4）最重要的一点是，为回避风险，出租人最好不要独自去收楼，可请求律师、公证部门、公安机关等法律机构提供法律帮助。在公证人员的公证下，由律师或警察协助对入屋、清点、搬移、保管承租人留在屋内的物品、占据房屋、通知承租人前来取回物品等整个过程进行证据保全公证或见证，从而收回房屋。最好对收楼的过程进行全程的录像。

咨询258：承租人有逾期未支付租金、管理费及水电费等情形的，出租人是否有权停水断电？

律师解答：《合同法》第一百八十二条规定："用电人应当按照国家有关规定和当事人的约定及时交付电费。用电人逾期不交付电费的，应当按照约定支付违约金。经催告用电人在合理期限内仍不交付电费和违约金的，供电人可以按照国家规定的程序中止供电。"

根据上述法律规定及参照广东省高院【（2009）粤高法民一终字第81号】《民事判决书》的判例，判断出租人是否有权采取停水断电措施，首先应当看合同是否对此进行了约定。如果有约定则有权采取停水断电措施；如无约定买卖双方即可能约定先付租金后使用租赁物，也可能约定先使用租赁物再付租金，如对此先后履行顺序也没有进行约定，承租人逾期支付租金的行为构成违约，出租人应向承租人发出解除合同的通知书并事先告知承租人将采取停水断电措施，以避免和减少不必要的损失，否则因合同尚未解除，出租人停水断电的行为也存在违约风险。

律师建议：

（1）中介公司应在租赁合同中约定，承租人有逾期未支付租金、管理费及水电费等情形的，出租人有权采取停水断电等措施。

（2）停水断电的措施应在有效催促无效后并发出解除通知函后审慎适用。

咨询259：租期到期后，承租人既拒绝将房屋退回出租人，又拒绝支付租金，出租人有权强制将承租人清理出出租房屋吗？

律师解答：《合同法》第二百三十五条规定："租赁期间届满，承租人应当返还租赁物。返还的租赁物应当符合约定或者租赁物的性质使用后的状态。"

所以在租期到期后，承租人应当将房屋返还给出租人，如承租人拒绝支付租金，又拒绝将房屋退回出租人的，承租人继续占有使用房屋构成不当得利，人民法院应参照合同约定的租金标准判令承租人支付房屋占有使用费。出租人可以强行将承租人清理出出租房屋，但强行清理存有法律风险，需要谨慎行使。

律师建议：

租期到期后，出租人强行将承租人清理出房屋时应注意：

（1）向承租人发出因租期到期出租人要求承租人腾退房屋的通知并注明腾退期限，如超过期限则出租人将强行收回房屋。

（2）如承租人超过该期限仍未搬离，则出租人应做好如下准备：

①邀请公证人员至现场，对清理房屋的整个过程进行公证；②聘请律师作为见证，并对现场承租人的遗留物品进行认真清点造册，全程录像，留作证据；③将承租人的遗留物品妥善保管，并书面通知承租人留存物品的地点和清单。

咨询 260：承租人为公司的，该公司欠员工工资，且公司老板跑路（失联），出租人要代该公司垫付工人工资吗？

律师解答：劳动关系，是指用人单位与劳动者之间，依法所确立的劳动过程中的权利义务关系。根据我国《中华人民共和国劳动法》第三条的规定，劳动者享有获得劳动报酬的权利。但这仅限于用人单位与劳动者之间。出租人与承租人之间存在租赁合同关系，而出租人与承租人的劳动者之间不存在直接法律关系，若承租人拖欠劳动者工资，根据合同的相对性原则，相关法律责任应由承租人承担，而出租人没有代承租人垫付工人工资的义务。

律师建议：由于公司承租的通常是厂户或商铺，公司拖欠工人工资且老板跑路（失联），工人一般会集体维权，而政府为了维稳，通常会要求出租人垫付工人部分工资。

咨询 261：中介公司居间出租的出租屋未安装漏电安全设备（施），导致承租人在使用电热水器时因漏电身亡，中介公司是否需要承担赔偿责任？

律师解答：《合同法》第二百一十六条规定："出租人应当按照约定将租赁物交付承租人，并在租赁期间保持租赁物符合约定的用途。"第二百三十三条规定："租赁物危及承租人的安全或者健康的，即使承租人订立合同时明知该租赁物质量不合格，承租人仍然可以随时解除合同。"

《广东省城镇房屋租赁条例》第十七条规定："出租人不按照合同约定及时维修房屋，致使房屋发生破坏性事故，造成承租人财产损失或者人身伤害的，应当承担赔偿责任。"

根据上述规定，出租人对承租其房屋的承租人负有安全和健康的保障义务，对其租赁物质量不合格或存在瑕疵造成损害的，负有损害赔偿责任。如果中介公司在提供居间服务之前或过程中明知出租物业本身存在质量不合格或存在瑕疵而没有及时告知承租人的，中介公司就存在明显过错，其应当承担相应的赔偿责任。

律师建议：

（1）中介公司在提供租赁居间服务时，对租赁房屋，尤其是残旧租赁房屋，要实地查勘，并对房屋的情况进行必要的了解，对房屋存在明显瑕疵或安全隐患的房屋尽量不提供租赁居间服务。

（2）要在合同中明确约定，承租人需要另行安装大功率电器或其他煤气用具的，一定要征得出租人同意的情况下方可安装。

咨询 262：承租人从出租屋内坠楼身亡，出租人是否需要承担赔偿责任？

律师解答：《合同法》第二百三十三条规定："租赁物危及承租人的安全或者健康的，即使承租人订立合同时明知该租赁物质量不合格，承租人仍然可以随时解除合同。"

《广东省城镇房屋租赁条例》第十七条规定："出租人不按照合同约定及时维修房屋，致使房屋发生破坏性事故，造成承租人财产损失或者人身伤害的，应当承担赔偿责任。"

因此，出租人是否需要承担赔偿责任，主要看出租人是否存在过错或出租的房屋是否存在瑕疵。如果承租人自杀跳楼或因自身疏忽大意坠楼等非房屋瑕疵原因而坠楼的，则出租人不需要承担责任；如果是因为出租的房屋本身存在瑕疵，如阳台护栏高度不符合法律规定或因护栏脱落等原因造成承租人坠楼身亡的，则出租人应在其过错范围内承担赔偿责任。

咨询 263：承租人租赁期间被入室盗窃，出租人是否需要承担赔偿责任？

律师解答：《广东省城镇房屋租赁条例》第十七条规定："出租人不按照合同约定及时维修房屋，致使房屋发生破坏性事故，造成承租人财产损失或者人身伤害的，应当承担赔偿责任。"

出租人对承租其房屋的承租人负有人身和财产的安全保障义务，出租人必须保证房屋符合安全使用的标准，出租人必须尽合理的安全保障义务。如出租人出租的房屋应该安装防盗网没有安装的、没有及时收回前承租人钥匙等原因导致承租人财物被盗的，出租人存在一定的过错，出租人需在其过错范围内承担一定的赔偿责任。反之，出租人无须为出租人被盗财物承担法律责任。

咨询 264：承租人在出租屋内进行非法活动，如非法传销、开设赌场等，出租人是否需要承担相关法律责任？

律师解答：我国《刑法》第三百一十条规定："明知是犯罪的人而为其提供隐藏处所、财物，帮助其逃匿或者作假证明包庇的，处三年以下有期徒刑、拘役或者管制；情节严重的，处三年以上十年以下有期徒刑。犯前款罪，事前通谋的，以共同犯罪论处。"

根据上述规定可知：

（1）承租人在租赁房屋时告知出租人其承租房屋用于非法活动，出租人不仅知道承租人承租的意图，而且还同意以出租房屋"入伙"或提供房屋进行利益分成的，且出租人与承租人属共犯，共同构成犯罪。

（2）出租人明知承租人承租房屋是用于非法活动而仍为其提供处所的，将被认定为包庇罪。

（3）如果出租人对承租人在出租屋内进行非法活动完全不知情，则出租人不构成犯罪。

律师建议：出租人将房屋出租时，必须了解出租屋的用途，并将用途明确约定于合同中。在租赁期间，出租人也最好定期向承租人了解或检查出租屋的用途是否发生改变。

咨询 265：租赁房屋用于商铺经营的，现因房屋无法办理消防许可证，从而导致无法办理营业执照，承租人是否可以解除合同？

律师解答：《最高人民法院关于审理城镇房屋租赁合同纠纷案件具体应用法律若干问题的解释》第八条规定："因下列情形之一，导致租赁房屋无法使用，承租人请求解除合同的，人民法院应予支持……（三）租赁房屋具有违反法律、行政法规关于房屋使用条件强制性规定情况的。"

《中华人民共和国消防法》第十一条规定："国务院公安部门规定的大型的人员密集场所和其他特殊建设工程，建设单位应当将消防设计文件报送公安机关消防机构审核。公安机关消防机构依法对审核的结果负责。"

而国务院公安部门规定的"大型的人员密集场所和其他特殊建设工程"包括"建筑面积大于 10000 平方米的宾馆、饭店、商场、市场；建筑面积大于 500 平方米的歌舞厅、录像厅、放映厅、卡拉 OK 厅、夜总会、游艺厅、桑拿浴室、网吧、酒店、酒吧，具有娱乐功能的餐馆、茶馆、咖啡厅"，所以如满足以上条件需要办理消防许可证，无法办理消防许可证，因违反法律强制性规定，承租人可以解除合同。

商铺是商业经营的场所，经营者必须领取营业执照方可正常经营，而在领取营业执照之前需要办理消防许可证。这意味着出租人提供的房子须符合消防的相关法律规定，否则，因物业本身原因导致无法办理消防许可证，承租人无法办理营业执照的，从而导致承租人承租该商铺的合同目的无法实现，因此，承租人有权解除租赁合同，并要求出租人赔偿相关损失。

律师建议：用于商铺经营的租赁，考虑其特殊性，承租人在承租前要确认该租赁房屋是否具备办理消防许可证和营业执照的条件，并在合同中明确约定。

咨询266：出租屋在承租人不知情的情况下出售，承租人有权要求撤销买卖合同吗？

律师解答：《合同法》第二百三十条规定："出租人出卖租赁房屋的，应当在出卖之前的合理期限内通知承租人，承租人享有以同等条件优先购买的权利。"第五十二条规定："有下列情形之一的，合同无效……（二）恶意串通，损害国家、集体或者第三人利益……"

《最高人民法院关于审理城镇房屋租赁合同纠纷案件具体应用法律若干问题的解释》第二十一条规定："出租人出卖租赁房屋未在合理期限内通知承租人或者存在其他侵害承租人优先购买权情形，承租人请求出租人承担赔偿责任的，人民法院应予支持。但请求确认出租人与第三人签订的房屋买卖合同无效的，人民法院不予支持。"

从以上法律可以看出，优先购买权是法律赋予承租人的权利，承租人优先购买权受到侵害时，不能主张出租人与第三人签订的房屋买卖合同无效，这是对出租人、承租人、买受人三者的利益进行平衡考虑的结果，但并非任何情形下承租人都无权对此主张合同无效，如果出租人与第三人恶意串通损害承租人优先购买权的，承租人可以主张买卖合同无效。

咨询267：出租屋内水电无法正常使用，承租人可以此为由解除合同吗？

律师解答：《合同法》第二百一十六条规定："出租人应当按照约定将租赁物交付承租人，并在租赁期间保持租赁物符合约定的用途。"

《广东省城镇房屋租赁条例》第十七条规定："当事人应当按照租赁合同负责检查、维修房屋及其设施。出租人不按照合同约定及时维修房屋，致使房屋发生破坏性事故，造成承租人财产损失或者人身伤害的，应当承担赔偿责任。承租人因使用不当，造成房屋损坏的，应当负责修缮并且支付由此产生的费用。"

承租人承租房屋是为了正常使用，而水电乃生活、工作必需的配套，出租人有义务保证出租屋内水电能够正常使用。根据上述规定，在出租房屋里的水电无法正常使用时，承租人应及时通知出租人进行维修，在合同约定的期限内或合理的期限内，如果水电仍然无法正常使用，将导致承租人承租该房屋的目的无法实现，承租人可以要求解除合同并要求出租人承担违约责任或赔偿责任。但如果水电不能正常使用是由于承租人使用不当，承租人有义务进行维修，由此产生的费用及后果由承租人自己承担。

咨询268：租赁期内房子被拆迁的，承租人能获得拆迁补偿吗？

律师解答：《国有土地上房屋征收与补偿条例》第二条规定："为了公共利益的需要，征收国有土地上单位、个人的房屋，应当对被征收房屋所有权人（以下简称被征收人）给予公平补偿。"第十七条规定："作出房屋征收决定的市、县级人民政府对被征收人给予的补偿包括：

（一）被征收房屋价值的补偿；（二）因征收房屋造成的搬迁、临时安置的补偿；（三）因征收房屋造成的停产停业损失的补偿。市、县级人民政府应当制定补助和奖励办法，对被征收人给予补助和奖励。"

可见承租人并不是拆迁补偿的补偿主体，承租人是否可以获得拆迁补偿，主要取决于拆迁补偿合同和租赁合同的约定。在无约定的情况下，应当根据公平原则，结合租赁合同剩余期间、拆迁补偿范围以及出租人接受补偿的实际情况酌情予以认定。

律师建议：承租人在与出租人签订租赁合同时，可约定房屋被拆迁时，因拆迁造成承租人损失的，承租人有相应的拆迁补偿。

咨询269：中介公司在出租房屋托管期间应注意哪些问题？

律师解答：《合同法》第四百〇六条规定："有偿的委托合同，因受托人的过错给委托人造成损失的，委托人可以要求赔偿损失。无偿的委托合同，因受托人的故意或者重大过失给委托人造成损失的，委托人可以要求赔偿损失。”

如今，房屋托管已成为中介公司的常见业务之一。房屋托管实际上是业主委托中介公司代为出租并对出租屋进行日常管理，业主与中介公司形成委托代理的法律关系。根据托管合同的有偿与无偿，中介公司的责任会有所不同。中介托管业务一般是有偿服务，因此，若因中介公司过错造成业主损失的，中介公司应承担赔偿责任。

律师提醒：相对单纯的居间来说，房屋托管潜在更多的法律风险。中介公司在出租屋托管期间，要注意：

（1）应与房东确认好房屋及所有附属设施的状态，确保房屋及附属设施能够正常使用，不存在安全隐患。

（2）与承租人交接时确认房屋及所有附属设施的状态，提醒承租人应规范使用家用电器设备，承租人如需另行安装大功率电器或者煤气用器的，需告知中介公司，中介公司征得业主同意，方可安装。

（3）在托管期间，中介公司务必定期检查房屋及所有附属设施、了解家电使用情况，如发现问题，应及时进行维修或更换。

（4）与承租人签订租赁合同时，中介公司应为业主的委托代理人而非出租人。

咨询 270：租赁合同租赁期限可以约定为 30 年吗？

律师解答：《合同法》第二百一十四条规定：“租赁期限不得超过二十年。超过二十年的，超过部分无效。租赁期间届满，当事人可以续订租赁合同，但约定的租赁期限自续订之日起不得超过二十年。”

根据该条规定，租赁合同租赁期限最高不得超过二十年，若租赁合同中双方约定的租赁期为 30 年的，超过 20 年的部分无效。

若超过 20 年租期后，承租人继续承租的，视为不定期租赁，出租人与承租人可随时要求终止租赁关系。

律师建议：中介公司在提供租赁业务居间服务时，需要特别注意的是，租赁期限不得超过二十年，若确需超过 20 年的，可在合同中约定，租期到期后该租赁合同租期自动续租 N 年。

咨询 271：房屋承租人逾期未支付租金，或者租赁到期后拒绝腾房的，出租人能否扣留承租人的财物冲抵租金？

律师解答：《物权法》第二百三十条规定："债务人不履行到期债务，债权人可以留置已经合法占有的债务人的动产，并有权就该动产优先受偿。前款规定的债权人为留置权人，占有的动产为留置财产。"第二百三十一条规定："债权人留置的动产，应当与债权属于同一法律关系，但企业之间留置的除外。"

《担保法》第八十二条规定："本法所称留置，是指依照本法第八十四条的规定，债权人按照合同约定占有债务人的动产，债务人不按照合同约定的期限履行债务的，债权人有权依照本法规定留置该财产，以该财产折价或者以拍卖、变卖该财产的价款优先受偿。"

从以上规定可以得知，出租人对承租人在租赁房屋内的财产不享有留置权，但是在特定条件下可以通过私立救济的方式适当扣留承租人的财物，或者阻止承租人将财物运出租赁房屋。

如果合同约定承租人逾期支付租金时出租人有权扣留财物等，经出租人催告后承租人仍不支付租金，则出租人有权适当扣留承租人置于租赁房屋范围内的财物，借以迫使承租人履行合同义务。如果合同中未作此约定，则出租人不能随意扣留承租人财物。但是，如果承租人支付租金的期间已经或即将逾过，此时承租人欲将租赁房屋内的财物运走，出租人有权阻止。

如果出租人和承租人均为企业，则出租人有权留置已合法占有的承租人的动产。但是，租赁房屋内承租人的财产不属于出租人合法占有的动产，出租人扣留或留置承租人的财物不能直接冲抵租金，而是需要与承租人协商折价抵债或者及时向人民法院提起诉讼进行处理。

第6篇

中介公司相关费用收取法律问题

咨询272：中介公司什么时候可以收取居间服务费/代理服务费/咨询服务费（以下简称居间服务费）？

律师解答：《合同法》第四百二十六条规定："居间人促成合同成立的，委托人应当按照约定支付报酬。对居间人的报酬没有约定或者约定不明确，依照本法第六十一条的规定仍不能确定的，根据居间人的劳务合理确定。因居间人提供订立合同的媒介服务而促成合同成立的，由该合同的当事人平均负担居间人的报酬。居间人促成合同成立的，居间活动的费用，由居间人负担。"

简言之：中介公司取得报酬必须具备两个要件：

第一，所居间合同必须成立；

第二，合同的成立，与中介公司的居间活动存在因果关系。只有两者同时具备，委托人才负有支付报酬的义务。

咨询273：什么是居间人支出的必要居间费用？

律师解答：《合同法》第四百二十七条规定："居间人未促成合同成立的，不得要求支付报酬，但可以要求委托人支付从事居间活动支出的必要费用。"

居间活动费用是中介公司在促使合同成立的活动中支出的必要费用，报酬是居间成功以后获得的劳动收入，因此必要的居间费用与报酬不是同一个法律性质。因此，有时居间人虽然为促成合同成立付出了劳务和费用，但合同未促成，仍不能请求支付报酬，只能请求委托人支付从事居间活动支出的必要费用，如居间活动中支出的交通费、通信费、查册费、广告费（如有）等。

咨询 274：中介公司在什么情况下可向委托方要求必要的居间费用？

律师解答：《合同法》第四百二十七条规定："居间人未促成合同成立的，不得要求支付报酬，但可以要求委托人支付从事居间活动支出的必要费用。"

一般而言，中介公司接受委托人的委托出售、出租或购买、承租事项，并进行了带看、协商或广告宣传等行为后，最终未促成合同成立，或委托人通过其他中介公司正常成交（也进行了带看、协商并最终成交）的，中介公司可要求委托人支付必要的、合理的居间费用。

咨询 275：居间服务费的标准是多少？

律师解答：《合同法》第四百二十六条规定："居间人促成合同成立的，委托人应当按照约定支付报酬。对居间人的报酬没有约定或者约定不明确，依照本法第六十一条的规定仍不能确定的，根据居间人的劳务合理确定。"

此前在国家计委、建设部《关于房地产中介公司服务收费的通知》（1995年7月17日计价格第971号）中对中介公司费用的收取标准做了规定，如房屋买卖独家代理的，买卖双方支付中介公司费总额不超过成交价的3%。但此规定在《关于放开房地产咨询收费和下放房地产经纪收费管理的通知》（发改价格〔2014〕1289）中已经取消，这就意味着法律（包括行政法规）对中介公司费的标准没有了强制性的规定，实行市场调节价、完全交由市场决定，各中介公司可根据自己的服务与委托人协商来定价。当然因司法系统存在滞后性，到目前，各地司法实践尚不统一。

咨询 276：居间服务费应由谁承担？

律师解答：《合同法》第四百二十六条规定："因居间人提供订立合同的媒介服务而促成合同成立的，由该合同的当事人平均负担居间人的报酬。"

当然，法律也并没有禁止合同当事人以合同条款的形式来约定由双方或单独某一方来承担中介公司费，因此买卖双方可自行协商由双方共同承担或其中一方单方承担。事实上，在实际交易过程中，很多地区普遍的做法都是由买受人来承担全部中介公司费，这一做法并不违反强制性法律规定，是合法有效的。

咨询277：中介公司能否与业主或客户约定，对超出或减少的楼价进行分成？

律师解答：《合同法》第四百二十五条规定："居间人应当就有关订立合同的事项向委托人如实报告。居间人故意隐瞒与订立合同有关的重要事实或者提供虚假情况，损害委托人利益的，不得要求支付报酬并应当承担损害赔偿责任。"

《房地产经纪管理办法》第二十五条明确规定："房地产经纪机构和房地产经纪人员不得有下列行为……（二）对交易当事人隐瞒真实的房屋交易信息，低价收进高价卖（租）出房屋赚取差价……"故对于房产中介公司"吃差价"的行为国家是明令禁止的。

《房地产经纪管理办法》第三十四条规定，违反本办法第二十五条第（二）项，构成价格违法行为的，由县级以上人民政府价格主管部门按照价格法律、法规和规章的规定，责令改正、没收违法所得、依法处以罚款；情节严重的，依法给予停业整顿等行政处罚。

很多时候，业主为了能卖到更高的价格或买方为了能以更低的价格购买，而中介公司经纪人也为了得到更多的报酬，就与业主或客户约定对超出或减少的楼价进行分成。这种情况实际上就是"吃差价"的一种行为，必然会对交易的另一方隐瞒了交易的真实信息，损害了交易另一方的合法权益。这样的行为已违反《房地产经纪管理办法》第二十五条的规定，由此中介公司不仅会面临无权收佣的风险，也有可能被处以行政处罚。

律师建议：中介公司应如实向买卖双方报告交易的真实价格，不应收取额外的费用。而且，目前，政府已经取消居间服务费的收费标准上限，居间服务费的收取交由市场和当事人之间来协商确定，因此，只要提供好的服务，就可以与交易双方就居间服务费进行协商，而无须以“吃差价”的形式来规避居间服务费的上限。

咨询 278：经纪人可以收取业主的奖励金吗？

律师解答：《房地产经纪管理办法》第十四条规定：“房地产经纪业务应当由房地产经纪机构统一承接，服务报酬由房地产经纪机构统一收取。分支机构应当以设立该分支机构的房地产经纪机构名义承揽业务。房地产经纪人员不得以个人名义承接房地产经纪业务和收取费用。”

第十八条规定：“房地产经纪服务实行明码标价制度。房地产经纪机构应当遵守价格法律、法规和规章规定，在经营场所醒目位置标明房地产经纪服务项目、服务内容、收费标准以及相关房地产价格和信息。房地产经纪机构不得收取任何未予标明的费用；不得利用虚假或者使人误解的标价内容和标价方式进行价格欺诈；一项服务可以分解为多个项目和标准的，应当明确标示每一个项目和标准，不得混合标价、捆绑标价。”

根据该法规的规定，经纪人不得以个人名义收取费用，也不得收取未予标明的费用。“奖励金”属于未予标明的费用，即使业主自愿向经纪人个人支付，经纪人也不得收取。而且，一旦业主反悔起诉要求经纪人返还该笔“奖励金”，在审判案例中，法院通常会以该奖励金为居间服务费以外的未予标明的费用为由而要求经纪人返还。

咨询 279：若客户要求中介公司代办贷款手续、代办房地产登记手续的，中介公司可另行收取代理费用吗？需要另签代办合同吗？

律师解答：《房地产经纪管理办法》第十七条之规定：“房地产经纪机构提供代办贷款、代办房地产登记等其他服务的，应当向委托人说明服务内容、收费标准等情况，经委托人同意后，另行签订合同。”

根据该规定，房地产经纪公司提供代办手续、代办房地产登记服务，房地产经纪公司可另行收取代理费用，需要另行签订代理合同，并对服务内容及代理费用进行详细明确的约定。但若中介公司营业执照范围内无此经营事项，将涉及超范围经营，可能面临行政处罚。

律师建议：中介公司提供代办业务的，应及时到工商部门办理增加该项经营范围的相关手续，同时，应当与客户签订书面的代办合同并约定代办的费用，而且，中介公司最好在公司经营场所显眼的位置悬挂代办手续的费用标准。

咨询280：代办贷款手续、代办房地产登记手续等是否属于中介公司法定的居间服务内容？

律师解答：《合同法》第四百二十四条规定：“居间合同是居间人向委托人报告订立合同的机会或者提供订立合同的媒介服务，委托人支付报酬的合同。”第四百二十六条规定：“居间人促成合同成立的，委托人应当按照约定支付报酬。”

房地产经纪公司的义务来源于法律规定及合同约定，根据上述规定可知，中介公司的法定义务是向委托人（买卖双方）报告订立合同的机会或者提供订立合同的媒介服务，从而促成房屋买卖合同成立，则法律所规定的居间服务已经完成。但若中介公司与买卖双方就中介公司有义务代办贷款、代办房地产登记进行合同约定的，该约定也合法有效。因此，如果合同未约定房地产经纪公司需代办贷款手续、代办房地产登记手续，则中介公司无须提供此项服务。

律师建议：代办贷款、代办房地产登记、代为交楼等并非中介公司法定义务，中介公司无须在合同中进行明确约定，但鉴于行业的惯例以及为客户提供优质服务的目的，中介公司可考虑为买卖双方提供代办贷款、代办房地产登记、代为交楼等无偿服务，以争取市场口碑和客源。

咨询 281：房屋买卖合同中约定中介公司需协助办理过户、按揭、交楼等手续，签完合同后，一方违约导致合同未能继续履行，中介公司能否要求支付全额居间服务费？

律师解答：《合同法》第八条规定："依法成立的合同，对当事人具有法律约束力。当事人应当按照约定履行自己的义务，不得擅自变更或者解除合同。依法成立的合同，受法律保护。"

第四百二十六条规定："居间人促成合同成立后，委托人应当按照约定支付报酬。"

因此，若中介公司与客户无特殊约定，合同成立后中介公司即可收取全部居间服务费。但是若中介公司与客户约定了协助办理过户、按揭、交楼等手续，也就是说在中介公司与客户之间的居间服务中，约定的居间服务费包含了促成合同成立的服务、协助办理过户、按揭、交楼等手续的服务，如果中介公司因合同未能继续履行，而未提供签订合同后的后续协助、代办服务，法院通常会认定，中介公司未完成全部的居间服务内容，对中介公司费的金额可能会进行适当调减。

律师建议：中介公司在房屋买卖过程中，只是提供居间服务，办理过户、按揭、交楼等手续均不属于法律所规定的居间法律关系的范围，中介公司就不应将这些非法定义务的项目书面列入合同之内。即便客户要求，也应明确中介公司只是提供免费的服务，这些服务并不包含在中介公司费用里。

咨询 282：签订看楼纸后，客户通过其他中介公司成交，中介公司可以依据看楼纸向客户追讨居间服务费吗？

律师解答：根据《中华人民共和国消费者权益保护法》第九条的规定："消费者享有自主选择商品或者服务的权利。消费者有权自主选择提供商品或者服务的经营者，自主选择商品品种或者服务方式，自主决定购买或者不购买任何一种商品、接受或者不接受任何一项服务。消费者在自主选择商品或者服务时，有权进行比较、鉴别和挑选。”及第十条的规定：“消费者享有公平交易的权利。消费者在购买商品或者接受服务时，有权获得质量保障、价格合理、计量正确等公平交易条件，有权拒绝经营者的强制交易行为。”

各中介公司同为市场上提供居间服务的经营者，客户作为消费者有权选择服务较优质、价格更易接受的中介公司进行居间服务，因此若客户通过其他中介公司的带看、谈价等正常经营行为签订房屋买卖合同的，属于正常的市场竞争行为，该中介公司依据看楼纸向客户追讨到居间服务费的可能性不大。

咨询 283：买方签订了购房意向书，业主就购房意向书的内容签订了卖房承诺书并收取定金之后，该买卖合同是否成立，中介公司是否有权收取居间服务费？

律师解答：根据《合同法》第二十五条的规定“承诺生效时合同成立。”及第二十六条的规定“……承诺通知到达要约人时生效……”

一旦买方收到了业主方的卖房承诺书，且该卖房承诺书的内容与买方签订的购房意向书就购房主要条款条件完全一致的，买卖合同即告成立，根据《合同法》第四百二十六条“居间人促成合同成立后，委托人应当按照约定支付报酬”的规定，中介公司就有权收取居间服务费用。

律师建议：

（1）卖方同意买方购买条件的，一定要卖方签订卖房承诺书。

（2）买方购房意向书与卖房承诺书就交易的条件必须完全一致。

咨询 284：A 中介公司与 B 中介公司合作提供居间服务，用 B 公司名义签订居间合同，约定买方支付居间服务费，若买方未按合同约定支付居间服务费，A 中介公司可否起诉买方要求支付？

律师解答：《合同法》第八条规定：“依法成立的合同，对当事人具有法律约束力。当事人应当按照约定履行自己的义务，不得擅自变更或者解除合同。”

该法条是对有关合同主体的相对性的规定，即合同关系只能发生在特定的主体之间，合同对于合同的当事人才有法律约束力，只有合同当事人一方能够向另一方当事人基于合同提出请求或提起诉讼。因此，对于买方来说，与买方成立居间合同关系的是B公司，根据《合同法》的该规定，只有B公司可向买方主张合同约定的收取居间服务费用的权利。所以A公司若想维护自己的权利，需要通过B公司以B公司名义向买方主张权利。

咨询285：中介公司与买卖双方约定于签订合同当天支付居间服务费（但未实际支付），后买卖双方私下解除了合同，中介公司能否收取居间服务费？

律师解答：根据《合同法》第四百二十六条的规定：“居间人促成合同成立后，委托人应当按照约定支付报酬……”

因此，中介公司促成买卖双方签订房屋买卖合同即有权收取居间服务费。如卖方与买方解除房屋买卖合同，且解除的原因并非中介公司造成的，中介公司仍有权收取居间服务费。

律师建议：

（1）由于解除的是房屋买卖关系，因此解除协议上中介公司经纪人不能在解除协议上签名或加盖公司公章。

（2）如果买卖双方执意要中介公司在解除协议上签字，中介中司只能作为见证人在上面签名，而不能是合同当事人。

（3）中介公司要特别注意，解除协议上的有关解除条款的严谨表述应为：“买卖双方同意解除房屋买卖合同中的买卖关系”。

咨询286：居间服务费约定在递件交易当天支付，买卖双方私下解除合同，但中介公司对此无法证明，中介公司能否收取居间服务费？中介公司应如何操作才能起到事前防范风险、保证收佣的作用？

律师解答：《合同法》第四十五条第一款规定："当事人对合同的效力可以约定附条件。附生效条件的合同，自条件成就时生效。附解除条件的合同，自条件成就时失效。"第四十六条规定："当事人对合同的效力可以约定附期限。附生效期限的合同，自期限届至时生效。附终止期限的合同，自期限届满时失效。"

如题所述，居间服务费约定于递件交易当天支付的，实际上这就是一个附条件合同，居间服务费须待买卖双方递件交易当天才能收取。但现实中，并不是每一个买卖合同均能顺利履行到递件过户这一步骤，甚至有的买卖双方还没到递件这一步就已私下协商解除买卖合同。当居间服务费约定于递件交易当天支付，而买卖双方又私下解除合同，如果中介公司有明确证据能够证明双方已解除合同的，则可依据《合同法》第四十五条第二款的规定"当事人为自己的利益不正当地阻止条件成就的，视为条件已成就；不正当地促成条件成就的，视为条件不成就"向买方或卖方追讨居间服务费；但如果中介公司无法证明买卖双方已经解除合同的，则中介公司将面临因条件未成就而无法收取居间服务费的不利境况。因此，如何约定居间服务费条款，将直接影响中介公司居间服务费的收取。

律师建议：

（1）对于居间服务费的支付，不建议中介公司设置任何的支付条件。尽量按照法律规定，约定于买卖合同签订当天支付。

（2）对于客户如题所述要求附加支付条件的，中介公司亦要设置一个最后支付期限，如"居间服务费在递件交易当天支付，但最迟不迟于2016年5月1日前支付"。有了该约定，如果买卖双方未能在2016年5月1日前递件交易，其也应在该日期前支付居间服务费。

咨询 287：合同未约定具体居间服务费金额，居间服务费如何确定？

律师解答：《合同法》第四百二十六条规定："对居间人的报酬没有约定或者约定不明确，依照本法第六十一条的规定仍不能确定的，根据居间人的劳务合理确定。"第六十一条规定："合同生效后，当事人就质量、价款或者报酬、履行地点等内容没有约定或者约定不明确的，可以协议补充；不能达成补充协议的，按照合同有关条款或者交易习惯确定。"第六十二条第（二）项规定："价款或者报酬不明确的，按照订立合同时履行地的市场价格履行；依法应当执行政府定价或者政府指导价的，按照规定履行。"

根据上述规定，若在合同中未约定居间服务费的收费标准的，首先可与客户进行协商，签订补充协议予以确定。如果协商不了的，则依合同有关条款或曾经的交易习惯进行确定。如果合同并无条款对此有涉及的，双方也从未有过其他的交易，则按当地的市场价格及中介公司的劳务合理确定。

咨询 288：居间过程中，经纪人应注意收集哪些材料以作诉讼证据之用？

律师解答：《民事诉讼法》第六十三条规定中的证据包括：

（一）当事人的陈述；

（二）书证；

（三）物证；

（四）视听资料；

（五）电子数据；

（六）证人证言；

（七）鉴定意见；

（八）勘验笔录。

任何一单交易都存在发生争议，甚至有诉讼的风险，而根据民事诉讼法"谁主张谁举证"的证据规则，中介公司要主张自己已提供居间服务，就需列举证据加以证明。因此，经纪人在提供居间服务的过程中，应注意收集保存好放盘纸、看楼纸、房屋买卖合同、居间服务费确认书及各种跟进的即时消息、短信消息、视频、录音录像等资料以作证据之用。

咨询 289：民事诉讼中，什么是谁主张谁举证的证据规则？

律师解答：“谁主张谁举证”就是当事人对自己提出的主张提供证据并加以证明。

《民事诉讼法》第六十五条第一款规定：“当事人对自己提出的主张，有责任提供证据。”根据此条的规定，当事人在民事诉讼中对自己所主张的事实，有提供证据加以证明的责任，这就是我国《民事诉讼法》规定的一般举证规则。

《最高人民法院关于民事诉讼证据若干问题的规定》第二条规定：“当事人对自己提出的诉讼请求所依据的事实或者反驳对方诉讼请求所依据的事实有责任提供证据加以证明。没有证据或者证据不足以证明当事人的事实主张的，由负有举证责任的当事人承担不利后果。”

这意味着，中介公司向客户追讨居间服务费，就需要举证证明已促成买卖双方签订了《房屋买卖合同》或买卖双方房屋买卖关系已成立，完成了居间服务。

咨询 290：客户未按约定支付居间服务费，中介公司可否主张违约金？

律师解答：根据《合同法》第一百一十四条的规定：“当事人可以约定一方违约时应当根据违约情况向对方支付一定数额的违约金，也可以约定因违约产生的损失赔偿额的计算方法。”

由此可知，要主张违约方支付违约金，必须有约定相关的违约责任条款。若在合同中只约定了客户支付中介公司费的责任，而未约定逾期支付或不支付中介公司费时的违约责任，则不可主张违约金。虽不能主张违约金，但守约方仍可向违约方主张赔偿因其违约而遭受的损失。

律师建议：为了促进客户及时足额支付居间服务费，中介公司在编制《房屋买卖合同》或《居间服务费确认书》时，要明确约定客户未按期足额支付居间服务费时，应承担相应的违约责任。如“买方未按本协议（合同）约定支付居间服务费的，每日按应付居间服务费的千分之一支付违约金，直至全额支付时止。”

咨询 291：合同约定客户逾期支付中介公司居间服务费的，应按逾期每日应付费用的千分之一向中介公司支付违约金，该违约金标准是否过高？

律师解答：《合同法》第一百一十四条规定：“当事人可以约定一方违约时应当根据违约情况向对方支付一定数额的违约金，也可以约定因违约产生的损失赔偿额的计算方法。约定的违约金低于造成的损失的，当事人可以请求人民法院或者仲裁机构予以增加；约定的违约金过分高于造成的损失的，当事人可以请求人民法院或者仲裁机构予以适当减少。当事人就迟延履行约定违约金的，违约方支付违约金后，还应当履行债务。”

根据上述规定，中介公司可以跟客户就逾期支付中介费的违约金进行约定，但如果约定的违约金过分高于造成的损失的，当事人可以请求人民法院或是仲裁机构予以适当减少。司法实践中，中介公司通常会按合同约定向违约方主张，每逾期一日按应付费用的千分之一承担违约金，但客户也通常会向法院或是仲裁机构主张违约金过高，请求适当减少。对此，无论是法院还是仲裁机构都没有统一裁决标准，有全额支持的，也有不支持的，一般按银行同期贷款利率计算的。

律师建议：

（1）无论违约金的标准是否过高，中介公司都应在合同中明确约定违约金的支付标准，加大客户违约的风险和代价，能最大限度地保障合同的顺利履行。

律师建议：

（2）在诉讼或仲裁过程中，应向人民法院或者仲裁机构表明，违约标准虽高，但我们主张违约金最终数额以客户实际拖欠的居间服务费为限。

咨询292：房屋买卖合同中约定，买卖任何一方违约都须向中介公司支付违约金，该约定是否合法有效？

律师解答：《房地产经纪管理办法》第十八条规定：“房地产经纪服务实行明码标价制度……”

故中介公司促成合同成立所能获取的最大收益即是居间服务费，除此之外，中介公司不应收取额外的其他利益。

同时在中介公司与买卖双方签的三方合同里，一般包含了买卖双方的房屋合同关系以及买卖双方各自与中介公司之间的居间合同关系。买卖双方一方违约属于房屋买卖关系，中介公司并非房屋买卖关系中的当事方，根据合同关系的相对性，其不得就房屋买卖关系中的事项主张任何权益。因此，从合同相对性的原则出发，该约定违反了合同关系的相对性，违反了公平责任原则，加重了买卖双方的责任，应属于无效约定。

咨询293：房屋买卖合同约定，违约方需代守约方支付居间服务费，该约定有法律效力吗？

律师解答：《合同法》第四十四条规定：“依法成立的合同，自成立时生效。”

依我国法律规定，合同约定不违反法律法规强制性规定的应认定为合法有效。违约方需代守约方支付居间服务费的约定仅是违约方承担违约责任的一部分，是买卖双方的意思真实表示，不违反现行法律法规，因此，该约定合法有效。违约方违约时，守约方可要求其承担支付居间服务费的责任。

律师建议： 合同虽有违约方需代守约方支付居间服务费的约定，但守约方已经向中介公司支付了居间服务费的，中介公司不必退还，可建议守约方直接要求违约方赔偿其该居间服务费损失。

咨询 294：合同中未约定居间服务费支付的时间，支付时间应如何确定？

律师解答：《合同法》第四百二十六条规定："居间人促成合同成立后，委托人应当按照约定支付报酬，对居间人的报酬没有约定或者约定不明确，依照本法第六十一条的规定仍不能确定的，根据居间人的劳务合理确定……"第六十一条规定："合同生效后，当事人就质量、价款或者报酬、履行地点等内容没有约定或者约定不明确的，可以协议补充；不能达成补充协议的，按照合同有关条款或者交易习惯确定。"第六十二条规定"当事人就有关合同内容约定不明确，依照本法第六十一条的规定仍不能确定的，适用下列规定……（四）履行期限不明确的，债务人可以随时履行，债权人也可以随时要求履行，但应当给对方必要的准备时间。"

中介公司一旦促成买卖双方签订买卖合同即有权收取居间服务费。但这只是规定了权利的产生时间，并非权利的实现时间。因此，根据合同法的意思自治原则，若中介公司对此有约定即按合同约定，没有约定则按《合同法》第六十二条规定执行，因此，如果中介公司遇到题述情况，可发函要求客户支付中介公司费用，但应给予客户合理的支付时间。

咨询 295：房屋买卖合同无效或被撤销，中介公司可以收取居间服务费吗？

律师解答：《合同法》第五十六条规定："无效的合同或者被撤销的合同自始没有法律约束力。"第五十八条规定："合同无效或者被撤销后，因该合同取得的财产，应当予以返还；不能返还或者没有必要返还的，应当折价补偿。有过错的一方应当赔偿对方因此所受到的损失，双方都有过错的，应当各自承担相应的责任。”

中介公司最主要的法律义务在于促使买卖双方签订房屋买卖合同，由此才产生了中介公司收佣的权利。根据该规定，合同一旦被无效或被撤销，则导致的法律后果是合同自始没有法律效力，中介公司也就丧失了收佣的基础，无权收佣了。

更有甚者，如果合同无效或被撤销是因为或部分因为中介公司未尽到相关居间义务，根据《合同法》第五十八条的规定，中介公司还有可能承担相应的赔偿责任。

咨询 296：客户要求先开收据后付居间服务费，中介公司应如何降低法律风险？

律师解答：“收条”又称为“收据”，是指收到他人或有关单位送到的钱物时写给对方的一种凭据。正式的“收条”“收据”，无论收到钱或收到物品都可以开具“收条”，“收条”可以用来证实履行了交钱或物的合同义务。

中介公司在未收到居间服务费时便开具收据并盖上公司公章或财务章，如在收据上只写“已收到＊＊＊交来居间服务费＊＊元”则表示中介公司确认已收到款项，若事后客户以已向中介公司支付过居间服务费并以收据为据，则中介公司很可能面临无法收佣的风险。

律师建议：中介公司在需先开据后收款时：收据上写明“收到居间服务费用＊＊元，实际收款时间以银行转账到账为准”或在中介公司所留收据底单上让客户写上“尚未收到款项，实际收款时间以银行转账到账为准”。

咨询 297：追讨居间服务费有时间限制吗？

律师解答：《民法通则》第一百三十五条规定：“向人民法院请求保护民事权利的诉讼时效期间为二年，法律另有规定的除外。”第一百三十七条规定：“诉讼时效期间从知道或者应当知道权利被侵害时起计算。但是，从权利被侵害之日起超过二十年的，人民法院不予保护。有特殊情况的，人民法院可以延长诉讼时效期间。”

根据上述法律规定，居间服务费追讨的诉讼时效为二年。居间服务费追讨诉讼时效的起算时间，从约定的支付居间服务费时间的第二天起计算。如果合同约定的是签订合同当天支付居间服务费的，则居间服务费追讨的诉讼时效从签订合同第二天起算两年。如果约定有其他支付居间服务费条件的，须待该约定的支付居间服务费条件成就之日起第二日开始计算两年。超过两年未追讨的，会因过了诉讼时效而无法再追讨该居间服务费。

律师建议：中介公司应完善公司内部的合同管理制度，记录好客户应支付居间服务费的时间，对于客户未付居间服务费而时效又将届满两年的，应尽快联系律师，及时追讨居间服务费。

第7篇

中介公司管理基础知识

第一章　工商登记管理

咨询 298：客户让中介公司代缴或补缴社保以获得购房资格，中介公司收取客户的手续费后，由于政策调整导致以代缴社保方式无法获得购房资格，中介公司是否需要退还手续费并承担责任？

律师解答：《最高人民法院关于适用〈中华人民共和国合同法〉若干问题的解释（二）》第二十六条规定："合同成立以后客观情况发生了当事人在订立合同时无法预见的、非不可抗力造成的不属于商业风险的重大变化，继续履行合同对于一方当事人明显不公平或者不能实现合同目的，当事人请求人民法院变更或者解除合同的，人民法院应当根据公平原则，并结合案件的实际情况确定是否变更或者解除。"《合同法》第九十七条规定："合同解除后，尚未履行的，终止履行；已经履行的，根据履行情况和合同性质，当事人可以要求恢复原状、采取其他补救措施、并有权要求赔偿损失。"

题述情形属于房地产经纪公司与客户之间形成的社保代缴的代理关系，政府政策调整属于当事人在订立合同时无法预见的、非不可抗力造成的不属于商业风险的重大变化。现该代理合同因该政策调整的重大变化致使合同目的不能实现，客户有权依据《最高人民法院关于适用〈中华人民共和国合同法〉若干问题的解释（二）》第二十六条及《合同法》第九十七条的规定向法院要求解除合同并要求经纪公司返还手续费，同时由于中介公司的行为属于恶意规避政府部门出台的房地产调控政策情形，因此有可能受到相关行政部门的行政处罚。

律师建议： 由于客户与房地产经纪公司并不存在真实的劳动关系，帮客户代缴或补缴社保均属于恶意规避政府限购政策的行为，属于违法违规行为，而由于政府出台限购政策，往往导致客户无法通过代缴、补缴社保获得购房资格，将相关责任归责于中介公司，中介公司面临着民事赔偿及行政处罚的风险，因此，中介公司应坚决杜绝此类业务和行为。

咨询 299：中介公司能否超经营范围提供代办服务（如代办按揭服务）？

律师解答：《最高人民法院关于适用〈中华人民共和国合同法〉若干问题的解释（一）》第十条规定："当事人超越经营范围订立合同，人民法院不因此认定合同无效。但违反国家限制经营、特许经营以及法律、行政法规禁止经营的除外。"

根据该司法解释，可理解为，只要不违反限制经营等，企业法人超越经营范围签订的合同并不因此无效。而中介公司超经营范围提供代办服务并不属于限制经营、特许经营以及法律、行政法规禁止经营之列，因此中介公司超越经营范围提供代办服务并收取代办服务费的行为并不必然无效，但因超经营范围违反了相关工商管理制度，很可能会面临工商局的行政处罚。

咨询 300：如中介公司超经营范围提供服务，有什么法律后果？

律师解答：《中华人民共和国企业法人登记管理条例》第三十条规定："企业法人有下列情形之一的，登记主管机关可以根据情况分别给予警告、罚款、没收非法所得、停业整顿、扣缴、吊销《企业法人营业执照》的处罚……（二）擅自改变主要登记事项或者超出核准登记的经营范围从事经营活动的……对企业法人按照上述规定进行处罚时，应当根据违法行为的情节，追究法定代表人的行政责任、经济责任；触犯刑律的，由司法机关依法追究刑事责任。"

根据上述规定，房地产经纪公司超经营范围提供服务，合同虽然并不必然导致无效，但由于违反了工商管理的相关条例和规定，工商管理部门可能会对公司及法定代表人进行处罚。

律师建议：若中介公司需要开办此项业务，应及时到工商部门办理增加该项经营范围的相关手续，同时，应该明码标价，并签订书面的代办合同。

咨询301：中介公司还未核准登记即以公司名义从事居间活动，所签订的合同效力如何？是否影响收佣？

律师解答：《中华人民共和国企业法人登记管理条例》第三十条规定："企业法人有下列情形之一的，登记主管机关可以根据情况分别给予警告、罚款、没收非法所得、停业整顿、扣缴、吊销《企业法人营业执照》的处罚：（一）登记中隐瞒真实情况、弄虚作假或者未经核准登记注册擅自开业的……对企业法人按照上述规定进行处罚时，应当根据违法行为的情节，追究法定代表人的行政责任、经济责任；触犯刑律的，由司法机关依法追究刑事责任。"

《最高人民法院关于适用〈中华人民共和国公司法〉若干问题的规定（三）》第三条规定："发起人以设立中公司名义对外签订合同，公司成立后合同相对人请求公司承担合同责任的，人民法院应予支持。"

根据上述规定，公司虽未核准，但公司已经在设立登记过程中，且对外签订合同的如为发起人，且其以设立中的公司名义对外签订的合同，合同应认定为有效。既然合同被认定为有效，所以这种情况并不影响追佣，但有可能受到工商行政管理部门的行政处罚。

咨询302：中介公司分公司正在工商登记核准中但未取得营业执照，以总公司名义提供居间服务，居间合同效力如何？

律师解答：《中华人民共和国企业法人登记管理条例》第三十五条规定："企业法人设立不能独立承担民事责任的分支机构，由该企业法人申请登记，经登记主管机关核准，领取《营业执照》，在核准登记的经营范围内从事经营活动。"

因此，分公司是以总公司名义开展经营活动的，总公司为合同当事人，总公司既然已经合法成立，合同又无其他无效情况，则合同有效。

咨询303：中介公司分公司已取得营业执照，以分公司名义签订居间合同，合同效力如何？

律师解答：《中华人民共和国公司法》第三十一条规定："分公司不具有企业法人资格，其民事责任由公司承担……"

根据上述规定，分公司可以在总公司的授权范围内以自己的名义开展业务活动，或代表公司进行诉讼。因此，分公司签署的居间合同通常是有效的，但承担民事法律责任的主体是由其总公司来承担，而在司法实践中，第三人通常选择由分公司与总公司共同承担，因为分公司（非法人组织）具有一定的团体财产，构成一定的责任能力，但其财产并不完全独立，其责任能力不完整，故一般由其总公司及其分公司共同承担民事法律责任。

咨询304：中介公司已登记成立，签合同时使用未备案的合同章签订，该合同成立吗？

律师解答：《国务院关于国家行政机关和企业事业单位社会团体印章管理的规定》第二十二条规定："国家行政机关和企业事业单位、社会团体的其他专用印章（包括经济合同章、财务专用章等），在名称、式样上应与单位正式印章有所区别，经本单位领导批准后可以刻制。"第二十三条规定："印章制发机关应规范和加强印章制发的管理，严格办理程序和审批手续。国家行政机关和企业事业单位、社会团体刻制印章，应到当地公安机关指定的刻章单位刻制。"

因此公司公章只有需要经公安机关审批刻制备案方有代表企业意思的法律效力，其他印章经企业领导批准即可刻制，不备案不影响其在一定范围内代表公司行为的效力。因此，若问题中提及的合同章是经公司领导同意并刻制，并一直用于合同的签订，则该合同章有无备案都不影响合同的成立与生效。

律师建议：公司所有的合同章应该经过公司领导审批并经公司备案，对公司公章、合同章、财务章等印章等严格控制，切勿将印章私自带离工作场所，切勿盖空白的合同、收据等文件。

咨询 305：如果经纪人私刻公司印章以公司名义签订合同，该合同效力对于公司是有效还是无效？

律师解答：《合同法》第四十九条规定："行为人没有代理权、超越代理权或者代理权终止后以被代理人名义订立合同，相对人有理由相信行为人有代理权的，该代理行为有效。"

合同相对人没有能力识别印章的真实性，且结合整个交易过程（如业务人递送的名片显示为该公司工作人员、签署合同的场所在该公司营业场所内等）使相对人有理由相信该经纪人有代理权限的，构成法律意义的"表见代理"，该合同对于公司来说是有效的，公司需要履行该合同。如果中介公司有证据证明买卖一方知道经纪人没有代理权或公章系伪造的情形，则公司不需承担责任。

律师建议：出现这种未经公司授权的私刻公司印章的行为，中介公司应第一时间向公安机关报警，追究该经纪人的民事及刑事责任。

第二章　居间活动规范管理

咨询 306：什么是“资金监管”？

律师解答：资金监管，又称为第三方监管。主要用于二手房房地产交易。是指买卖双方的交易资金不直接通过经纪公司，而是由房地产行政主管部门会同银行及具有担保资质的机构在银行开立的资金监管“专用账户”进行划转，该账户属于银行。当在合同约定的履行期限内房屋成功过户至购房者名下后，该资金就划转到卖方的账户下，若交易不成功则将划转到购房者账户下。因此，资金监管需要买卖双方都在监管银行开有账户，银行是资金的监管主体，从而保障了买卖双方的交易资金安全，维护了买卖双方的权益。

咨询 307：中介公司可以做资金监管吗？

律师解答：2008 年，广州市国土房管局和中国人民银行广州分行联合发布了《关于加强房地产经纪管理规范交易结算资金账户管理有关问题的通知》，其中规定二手房交易资金支付方式由买卖双方当事人在合同中自行约定，可以委托银行对交易资金进行托管，也可以约定其他支付方式。中介公司不得对买卖双方约定的资金支付方式实行强制和干涉。全国也有类似的相关规定，大同小异，但基本都规定中介公司不得监管交易资金。

律师建议：

（1）中介公司在编制《房地产买卖合同》时，须在合同中增加：“根据国家有关规定，本公司不代收代管买卖双方的交易资金”的条款。

（2）中介公司必须主动向买卖双方提示可向银行申请办理交易资金托管业务，并协助办理该项业务。

（3）中介公司要严禁公司经纪人私自代为保管客户的交易资金。

咨询 308：现在经纪人还需要考经纪人资格证吗？无证的人员能提供居间服务吗？

律师解答：2014 年 7 月，国务院发布了《国务院关于取消和调整一批行政审批项目等事项的决定》（国发〔2014〕27 号），在该决定中公布取消一批准入类职业资格，其中就包括房地产经纪人职业资格。

随后，国家人力资源社会保障部发布《人力资源社会保障部关于做好国务院取消部分准入类职业资格相关后续工作的通知》（人社部函〔2014〕144 号），在该通知中明确规定“决定将取消的房地产经纪人、注册税务师、土地登记代理人、矿业权评估师、注册资产评估师等 5 项准入类职业资格调整为水平评价类职业资格”。

因此，现在的经纪人资格证已由从业类考试改为职业评价类考试，有没有证已不影响从事房地产经纪行业，房地产经纪人证已成为行业技能的评价证明，而非入行门槛。

咨询 309：中介公司和房地产经纪人员能否承购、承租自己提供经纪服务的房屋？

律师解答：《房地产经纪管理办法》第二十五条规定：“房地产经纪机构和房地产经纪人员不得有下列行为……（八）承购、承租自己提供经纪服务的房屋……”

根据上述规定，中介公司和经纪人不得承购、承租自己提供经纪服务的房屋。

但这并不意味着在中介公司或经纪人购买或租赁自己提供经纪服务的房屋的《房屋买卖合同》或《租赁合同》无效。因为《房地产经纪管理办法》只是管理性的规定，不是效力性的法律法规。中介公司和房地产经纪人员承购、承租自己提供经纪服务的房屋，只是违反了管理性的规定，并不必然导致合同无效。合同的效力须从签订合同时中介公司和房地产经纪人员有无告知其签订合同的主体为该经纪机构的经纪人员、合同签订时是否为当事人真实意思表示、合同条款是否公平合理、交易的价格是否合理、中介公司和房地产经纪人员有无隐瞒其他足以影响交易公平的事项等方面进行综合认定。

律师建议：

（1）中介公司和房地产经纪人员不要承购、承租自己提供经纪服务的房屋，否则，相关职能部门可能会以违反《房地产经纪管理办法》第二十五条之规定对中介公司和房地产经纪人员进行行政处罚。

（2）中介公司和房地产经纪人员居间自己提供经纪服务的房屋时，务必要将此情况书面告知卖方，不得隐瞒该事实以及其他足以影响公平交易的事项。

咨询310：经纪人私开白条收据收取居间服务费，未交回该服务费即离职，中介公司是否能以该经纪人开白条收佣非公司行为，而向客户要求支付居间服务费？

律师解答：《合同法》第四十九条规定："行为人没有代理权、超越代理权或者代理权终止后以被代理人名义订立合同，相对人有理由相信行为人有代理权的，该代理行为有效。"

一般情况下（如在中介公司经营场所范围内支付），该经纪人的行为构成表见代理，中介公司不得再次要求客户支付居间服务费。

但是，如果中介公司在合同中已显著提示应以公司财务开具并加盖公司财务章或公司公章的收据作为收款凭证的，则经纪人私开白条收据的行为不构成表见代理，为经纪人的个人行为，且客户自身也存在过错，中介公司仍有权要求客户支付居间服务费。

律师建议： 中介公司在编制合同条款时，应在显著位置以粗体字的形式提示“客户所交任何款项应以公司财务开具并加盖公司财务章或公司公章的收据作为唯一收款凭证，经纪人私下收款的，本公司一律不予认可。”

咨询 311：因客户资料无法申请贷款，中介公司协助客户提供虚假资料骗取银行贷款，中介公司及经纪人可能面临什么法律风险？

律师解答：《刑法》第一百七十五条之一规定：“以欺骗手段取得银行或者其他金融机构贷款、票据承兑、信用证、保函等，给银行或者其他金融机构造成重大损失或者有其他严重情节的，处三年以下有期徒刑或者拘役，并处或者单处罚金；给银行或者其他金融机构造成特别重大损失或者有其他特别严重情节的，处三年以上七年以下有期徒刑，并处罚金。

单位犯前款罪的，对单位判处罚金，并对其直接负责的主管人员和其他直接责任人员，依照前款的规定处罚。”

《最高人民检察院、公安部关于公安机关管辖的刑事案件立案追诉标准的规定（二）》第二十七条规定：“以欺骗手段取得银行或者其他金融机构贷款、票据承兑、信用证、保函等，涉嫌下列情形之一的，应予立案追诉：

（一）以欺骗手段取得贷款、票据承兑、信用证、保函等，数额在一百万元以上的；

（二）以欺骗手段取得贷款、票据承兑、信用证、保函等，给银行或者其他金融机构造成直接经济损失数额在二十万元以上的；

（三）虽未达到上述数额标准，但多次以欺骗手段取得贷款、票据承兑、信用证、保函等的；

……”

因此，若中介公司协助买方提供虚假资料骗取了银行贷款的，可能面临刑事与民事双重责任：刑事上，若造成银行重大损失或是情节严重的，不仅单位可能被判处罚金，直接负责的主管人员和其他直接责任人员有可能面临拘役或有期徒刑，单处罚金或并处罚金的处罚。民事上，若造成卖方、银行经济损失的，中介公司可能因为重大过错而面临经济赔偿的民事责任。

律师建议：中介公司仅为提供居间服务的居间人，客户的贷款手续应由客户委托专业的按揭公司跟进办理，中介公司无义务、无责任、更无必要配合客户提供虚假资料骗取银行贷款。

咨询 312：中介公司只开收据不开发票合法吗？

律师解答：《中华人民共和国发票管理办法》第二十条规定："销售商品、提供服务以及从事其他经营活动的单位和个人，对外发生经营业务收取款项，收款方应向付款方开具发票。"

《中华人民共和国刑法》第二百〇一条规定："纳税人采取欺骗、隐瞒手段进行虚假纳税申报或者不申报，逃避缴纳税款数额较大并且占应纳税额百分之十以上的，处三年以下有期徒刑或者拘役，并处罚金；数额巨大并且占应纳税额百分之三十以上的，处三年以上七年以下有期徒刑，并处罚金。"

根据上述规定，客户支付居间服务费后要求中介公司开具发票的，中介公司应开具相应发票，否则，不仅可能受到行政处罚，需要交纳滞纳金；情形严重的，还有可能受到刑事处罚。

咨询 313：在合同履行过程中，卖方要求中介公司退还交由中介公司保管的房产证原件，中介公司应退还吗？

律师解答：《房屋登记办法》（建设部令第 168 号）第二十五条规定："房屋权属证书是权利人享有房屋权利的证明，包括《房屋所有权证》、《房屋他项权证》等。"

在房屋交易过程中，为了防止卖方一房二卖的现象，合同通常会约定签订房屋买卖合同之时，卖方应将《房屋所有权证》及购房发票等交由中介公司保管。合同签订后，卖方根据合同约定，在房屋交易过程中将房屋权属证书交给中介公司保管，中介公司依合同约定，应当妥善保管《房屋所有权证》及购房发票等交易资料。尽管卖方是《房屋所有权证》及购房发票的所有人，但中介公司是依合同约定进行保管，而非依卖方委托保管。因此，卖方单方要求中介公司退还保管的房产证等交易资料，中介公司不应退还，否则，一旦卖方拿回《房屋所有权证》及购房发票后将交易房屋另售他人，买方将追究中介公司的法律责任。

律师建议：

（1）中介公司尽量不要保管买卖任何一方的交易资料，万一丢失造成交易延误或其他经济损失，中介公司将承担法律责任。

（2）对于需要卖方将房产证等交易资料交给中介公司保管的，应在合同中明确约定，同时还需对退还保管的房产证的条件进行约定。

（3）对于卖方提出的要求中介公司退还其保管的房产证等交易资料，中介公司在征得买方同意的情况下才能退还。

咨询 314：中介公司通过公司网签钥匙签订不真实的“网签合同”，协助买卖双方逃避税费或是骗取高额贷款，中介公司需要承担何种责任？

律师解答：《房地产经纪管理办法》第二十五条规定：“房地产经纪机构和房地产经纪人员不得有下列行为……（五）为交易当事人规避房屋交易税费等非法目的，就同一房屋签订不同交易价款的合同提供便利。”

第三十七条规定：“违反本办法第二十五条第（三）项、第（四）项、第（五）项、第（六）项、第（七）项、第（八）项、第（九）项、第（十）项的，由县级以上地方人民政府建设（房地产）主管部门责令限期改正，记入信用档案；对房地产经纪人员处以 1 万元罚款；对房地产经纪机构，取消网上签约资格，处以 3 万元罚款。”

因此，中介公司若协助买卖双方避税，签订虚假的“网签合同”，不仅可能被罚款，还有可能被记入信用档案影响公司信誉，甚至被取消网签资格。

律师建议：中介公司不要为协助买卖双方逃避税费或是骗取高额贷款而进行虚假网签，买卖双方确有此种要求的，买卖双方可去房管部门自行办理网签，中介公司不应参与。

第三章 其他管理问题

咨询 315：中介公司发生经纪人私自侵占公司居间服务费事件，公司应采取何种应急措施保护公司权益？

律师解答：根据《最高人民检察院、公安部关于公安机关管辖的刑事案件立案追诉标准的规定（二）》第八十四条规定："公司、企业或者其他单位的人员，利用职务上的便利，将本单位财物非法占为己有，数额在五千元至一万元以上的，应予立案追诉。"《刑法》第二百七十一条规定："公司、企业或者其他单位的人员，利用职务上的便利，将本单位财物非法占为己有，数额较大的，处五年以下有期徒刑或者拘役；数额巨大的，处五年以上有期徒刑，可以并处没收财产。"

根据上述法律规定，若房地产经纪人私自侵占公司居间服务费达到上述立案标准的，就可能受到刑事处罚。

律师建议：中介公司首先找客户及经办人员核实情况，形成书面的情况说明，收集初步证据到公安机关报警，追究其刑事责任。其次，中介公司还可以采取民事诉讼措施，要求该经纪人承担侵权责任，返还其侵占的居间服务费。

咨询 316：客户在网络上或在公司门口拉横幅恶意中伤中介公司，该中介公司应如何处理？

律师解答：《民法通则》第一百〇一条规定："公民、法人享有名誉权，公民的人格尊严受法律保护，禁止使用侮辱、诽谤等方式损害公民、法人的名誉。”

《最高人民法院关于贯彻执行〈中华人民共和国民法通则〉若干问题的意见（试行）》第一百四十条第一款规定：“以书面、口头等形式宣扬他人的隐私，或者捏造事实公然丑化他人人格，以及用侮辱、诽谤等方式损害他人名誉，造成一定影响的，应当认定为侵害公民名誉权的行为。”

名誉侵权的最基本要素是看受害人的社会评价是否降低，若该客户的行为已构成名誉侵权，中介公司应收集证据委托律师采取诉讼方式要求该客户赔礼道歉、恢复名誉、赔偿损失。

律师建议：因客户的恶意中伤行为对中介公司造成重大名誉影响的，中介公司应采取坚决的态度和措施，依法维权，以免导致不良影响扩大。

第8篇

婚姻、继承、赠与房屋法律问题

第一章　房产析产

咨询 317：中介公司在居间过程中应如何区分物业是否属于夫妻共同财产？

律师解答：《中华人民共和国婚姻法》第十七条规定："夫妻在婚姻关系存续期间所得的下列财产，归夫妻共同所有：（一）工资、奖金；（二）生产、经营的收益；（三）知识产权的收益；（四）继承或赠与所得的财产，但本法第十八条第三项规定的除外；（五）其他应当归共同所有的财产。夫妻对共同所有的财产，有平等的处理权。"

根据上述规定可知，夫妻在婚姻关系存续期间所得的工资、奖金，生产、经营的收益，知识产权的收益，继承或赠与所得的财产（但遗嘱或赠与合同中确定只归夫或妻一方的财产除外）归夫妻共同所有，因此，用这些共同财产购置的房产属夫妻共同财产，继承、赠与所得的房产（但遗嘱或赠与合同中确定只归夫或妻一方的财产除外）也属于夫妻共同财产。

律师建议：中介公司在二手房居间过程中，对于居间的二手房是否属于夫妻共同财产，尤其是婚后取得的房产要进行区分，是夫妻共同财产的，应要求夫妻双方共同在房屋买卖合同上签名确认以减少纠纷。

咨询 318：一方婚前支付了全部房款，并于婚前取得了产权证，产权人在婚姻存续期间出售该房产时，中介公司居间时是否还需要其配偶签署房屋买卖合同？

律师解答：《最高人民法院关于适用〈中华人民共和国婚姻法〉若干问题

解释（一）》第十九条规定："婚姻法第十八条规定为夫妻一方所有的财产，不因婚姻关系的延续而转化为夫妻共同财产。但当事人另有约定的除外。"

根据上述司法解释的规定，该房屋系婚前一方个人全额出资购房且已经在婚前取得了象征房屋权属证明的产权证，此类房屋系一方婚前的个人财产，产权人在出售该房产时，无须经得其配偶同意。

律师建议：中介公司在居间此类房产时，应要求卖方提供房产证和结婚证进行核对，若房产证出具时间早于结婚证出具时间，则只需产权人在房屋买卖合同上签名即可，无须其配偶签署房屋买卖合同。

咨询319：男方婚前以个人名义支付全部房款购房，产权证登记时间为婚后，出售该房产时，是否需要女方在房屋买卖合同上签名？

律师解答：《最高人民法院关于适用〈中华人民共和国婚姻法〉若干问题解释（一）》第十九条规定："婚姻法第十八条规定为夫妻一方所有的财产，不因婚姻关系的延续而转化为夫妻共同财产。但当事人另有约定的除外。"

根据上述司法解释，只要房屋买卖行为发生在婚前，并且买卖合同已经实际履行，房屋登记在买房人个人名下，就应当以婚前个人财产处理，即使不动产权证登记时间是在婚后，房屋仍属于个人所有。既然是男方的婚前财产，该房产即为男方个人财产，因此，中介公司在居间此类房屋时，只需男方签订房屋买卖合同即可，无须女方在房屋买卖合同上签名。

律师建议：中介公司在审查交易房屋是否为夫妻共有财产时，主要是看房屋是否在婚姻存续期间取得，这取决于一方购买合同的签署时间以及主要支付楼款时间是在婚前还是在婚后，若一方签订购房时间以及支付楼款（含银行按揭贷款）的时间是在婚前，婚后房产证也登记在一方名下，那再次出售房屋只需产权人一方签名即可。

咨询320：婚前男方全额出资，但房产证上登记双方的名字，婚后男方向中介公司证明自己全额出资且为实际产权人，中介公司能否让买方直接与男方签订房屋买卖合同？

律师解答：《上海市高级人民法院关于审理婚姻家庭纠纷若干问题的意见》第十三条规定："夫妻一方婚前出资购置房屋，权利登记在双方名下的，为夫妻双方共有财产。如未约定按份共有，可认定共同共有，但在离婚分割该房产时，出资一方可适当多分。"

参照上述意见，房屋权属登记在男女双方名下，无论出资方是谁，均应认定为夫妻共同财产。

> **律师建议：**中介公司在居间时，即便男方出具了其全额出资的证明，但由于产权登记在男女双方名下，基于物权公示的原则，出售房产时仍须经女方签名同意。

咨询321：恋爱期间，男方在购置房产时将女方的名字共同登记在房产证上，分手后男方以实际产权人名义欲出售该房产，是否需要征得女方同意并签署买卖合同？

律师解答：参照《上海市高级人民法院关于审理分家析产案件若干问题的意见》第五条的规定："从不动产登记的角度分析，房屋已经确定为恋爱双方共有。双方终止恋爱关系后分割共有财产，符合重大理由需要分割的情形。共有关系终止时，对共有财产的分割，有协议的按协议处理；没有协议的，应当考虑共有人对共有财产的贡献大小，适当照顾共有人生产、生活的实际需要等情况，合理确定未出资方的份额，一般以10%到30%的份额为宜。"

根据上述意见，男女双方恋爱期间，男方出资购房，登记在双方名下，即便双方并未登记结婚，也无论双方确定的份额是多少，该房产仍应为双方共有。

律师建议：虽然该房产为男方出资，但由于房屋登记在双方名下，仍应认定为双方共有的房屋，中介公司在居间此类房屋时，仍需征得女方同意，并需要女方配合办理相关房屋买卖手续。

咨询322：男方婚前以按揭的形式支付房款，并登记在自己名下，婚后共同还贷，现男方单方与买方签订了《房屋买卖合同》，女方能否以其不同意为由主张该合同无效？

律师解答：《最高人民法院关于适用〈中华人民共和国婚姻法〉若干问题解释（三）》第十条规定："夫妻一方婚前签订不动产买卖合同，以个人财产支付首付款并在银行贷款，婚后用夫妻共同财产还贷，不动产登记于首付款支付方名下的，离婚时该不动产由双方协议处理。

依前款规定不能达成协议的，人民法院可以判决该不动产归产权登记一方，尚未归还的贷款为产权登记一方的个人债务。双方婚后共同还贷支付的款项及其相对应财产增值部分，离婚时应根据婚姻法第三十九条第一款规定的原则，由产权登记一方对另一方进行补偿。"

该解释表明，假如一方婚前按揭贷款支付房款并登记在自己名下，婚后以夫妻共同收入还贷，离婚时，可由双方协商房屋归属问题，如果协商不成，房屋原则上归登记一方所有。

综上，该房屋产权原则上是属于男方个人所有，其有权利自主出售该房产，其与买方签订的《房屋买卖合同》有效，女方以未经其同意为由主张合同无效的诉求不会得到法院的支持。

律师建议：虽该房屋产权原则上是属于男方个人所有，男方有权独自出售该房产，但该房屋毕竟是由双方共同出资还贷，在婚姻存续期间出售，为了避免女方提出产权异议或以此为由主张合同无效，中介公司在签订《房屋买卖合同》时，最好还是让女方签名确认。

咨询 323：男女同居期间共同出资购房，登记在男方个人名下，现男方想出售该房屋，是否需要征得女方同意？

律师解答：《关于人民法院审理未办结婚登记而以夫妻名义同居生活案件的若干意见》第十条规定："解除非法同居关系时，同居生活期间双方共同所得的收入和购置的财产，按一般共有财产处理。"

根据上述意见，男女双方以夫妻相称共同生活并共同出资购房，该房产应为男女双方共有财产。因此，该房产虽只登记在男方个人名下，但应认定为男女双方共有财产，男方出售该房屋时应征得女方同意。

> **律师建议：**中介在居间时应尽量对交易房产的购入时间、购入途径、购房资金来源、售房人是否为独立产权人等信息进行基本的了解，并将了解到的情况如实告知买卖双方，避免其他利害关系人提出异议影响交易。

咨询 324：婚前双方出资购房，登记在双方名下，婚后男方未取得女方授权就与买方签订房屋买卖合同，该合同是否有效？

律师解答：双方共同出资、联名购房所取得的房屋属于双方的共同财产。在双方结婚后，该房产当然也是双方的夫妻共同财产。

男方未取得女方授权就与买方签订《房屋买卖合同》，如果女方不追认男方的售房行为，该合同对女方不发生法律效力，男方作为产权人之一，与买方签订的房屋买卖合同对男方具有法律效力，其应根据合同约定承担相应法律责任，但由于房屋为夫妻共有，此份房屋买卖合同将会由于房屋无法完成过户致使合同目的不能实现而最终解除，买方基于和男方的合同约定可追究男方的违约责任。

律师建议：中介在居间该房产时为了避免纠纷并顺利收取中介费，必须让所有产权人均在房屋买卖合同中签字，若暂时无法签字的，可通过视频、电话、微信、短信、邮件等方式与另一方联系，确认另一方同意出售房产及出售的条件，并注意保留相关证据。

咨询 325：婚后男方父母出资购房，登记在男方名下，现男方欲独自出售该房产，是否需要经过其配偶同意？

律师解答：《最高人民法院关于适用〈中华人民共和国婚姻法〉若干问题解释（三）》第七条规定："婚后由一方父母出资为子女购买的不动产，产权登记在出资人子女名下的，可按照婚姻法第十八条第三项的规定，视为只对自己子女一方的赠与，该不动产应该认定为夫妻一方的个人财产。"

《中华人民共和国婚姻法》第十八条规定："有下列情形之一的，为夫妻一方的财产……（三）遗嘱或赠与合同中确定只归夫或妻一方的财产……"

根据上述规定及司法解释，若一方父母无明确表示是对双方的赠与，则一方父母出资并登记在自己子女名下的房产为夫妻一方的个人财产，因此，该房产为男方个人财产，男方享有完整的所有权，出售时无须经其配偶同意。

咨询 326：婚后女方父母出资，登记在双方名下，女方以实际出资人的名义出售房产并签订买卖合同，后男方不同意导致合同无法履行，女方是否需要承担违约责任？

律师解答：《最高人民法院关于适用〈中华人民共和国婚姻法〉若干问题解释（二）》第二十二条规定："当事人结婚前，父母为双方购置房屋出资的，该出资应当认定为对自己子女的个人赠与，但父母明确表示赠与夫妻双方的除外。当事人结婚后，父母为双方购置房屋出资的，该出资应当认定为对夫妻双方的赠与，但父母明确表示赠与一方的除外。"

根据该司法解释，如果婚后一方父母出资时无明确表示该出资只赠与一方，则可视一方父母对夫妻双方进行的赠与，该房产则应认定为夫妻共同财产。既然为夫妻共同财产，且登记在双方名下，出售房产应需要夫妻双方同意，若女方私自出售该房产而男方不同意，导致合同最终不能履行，女方需承担相应违约责任。

律师建议：房产证上的产权人为两人或以上的，中介公司在居间时必须让所有产权人在房屋买卖合同中签字，若暂时无法签字的，必须通过视频、电话、微信、短信、邮件等方式与其余产权人确认其是否同意售房并委托签名的产权人签署房屋买卖合同，并保留相关证据。

咨询327：双方父母出资购房，登记在男方名下，男方私自与买方签订房屋买卖合同，女方父母能否以男方无权处分为由主张合同无效？

律师解答：《最高人民法院关于适用〈中华人民共和国婚姻法〉若干问题解释（三）》第十七条规定："由双方父母出资购买的不动产，产权登记在一方子女名下的，该不动产可认定为双方按照各自父母的出资份额按份共有，但当事人另有约定的除外。"

按照上述司法解释，如果是双方父母均有出资，夫妻间又无其他约定，该房产则属于夫妻共有，处分房产须经双方共同同意。女方父母不是房屋所有权人，以男方无权处分为由主张合同无效的主张很难得到法院支持，但女方可以男方侵犯其财产权利追究其赔偿责任。

咨询328：由夫妻共同出资，以男方父亲名义购买房改房，男方父亲未经夫妻同意，擅自将该房改房出售，夫妻可以主张男方父亲与买方签订的《房屋买卖合同》无效吗？

律师解答：《最高人民法院关于适用〈中华人民共和国婚姻法〉若干问题解释（三）》第十二条规定："婚姻关系存续期间，双方用夫妻共同财产出资购买以一方父母名义参加房改的房屋，产权登记在一方父母名下，离婚时另一方主张按照夫妻共同财产对该房屋进行分割的，人民法院不予支持。购买该房屋时的出资，可以作为债权处理。”

根据上述解释，房改房是与一定的职工身份紧密联系在一起的，它实际上是一种福利房，只有具有一定身份的主体才是取得房改房的适格主体，而该身份资格不能转移或变更。没有房改房主体资格的人以有资格人的名义出资购买的，出资人因不具备主体资格而不能取得房改房的产权，购买该房屋时的出资只能作为对于该房产登记的产权人的债权处理。

因此，男方父亲为该房改房的合法产权人，其与买方签订的《房屋买卖合同》是合法有效的，夫妻主张男方父亲与买方签订的房屋买卖合同无效是没有依据的，夫妻只能向男方父亲主张返还出资款。

咨询 329：男方用婚后取得的公积金购房并登记在自己名下，男方出售该房屋时是否需征得配偶同意？

律师解答： 根据《最高人民法院关于适用〈中华人民共和国婚姻法〉若干问题的解释（二）》的规定：“婚姻关系存续期间，男女双方实际取得或者应当取得的住房补贴、住房公积金属于共同所有的财产。”

依照上述解释，夫妻关系存续期间，一方或双方使用住房公积金购买房屋的，该房屋都将视为夫妻共同财产。所以，即使该房产登记在男方名下，该房仍为夫妻共同财产，出售房产应征得配偶同意。

> **律师建议：** 中介在居间婚姻存续期间取得的房产时，为确保居间合同和房屋买卖合同的顺利履行，都应要求夫妻双方共同签订《房屋买卖合同》。

咨询330：夫妻双方在离婚时签订离婚协议，男方同意婚姻存续期间购买的登记在男方名下的房产全部归女方所有（但未办理过户手续），离婚后，女方能否直接持离婚协议签订房屋买卖合同？

律师解答：《物权法》第十五条规定："当事人之间订立的有关设立、变更、转让和消灭不动产物权的合同，除法律另有规定或者合同另有约定外，自合同成立时生效；未办理物权登记的，不影响合同效力……"第九条规定："不动产物权的设立、变更、转让和消灭，经依法登记，发生效力；未经登记，不发生效力，但法律另有规定的除外……"

根据以上规定，意味着即便未办理变更登记，由于夫妻双方关于该房屋产权归属的离婚协议为双方真实意思表示，协议合法有效，女方可以此依据要求将房屋过户到自己名下。但在未变更登记之前，房屋的所有权仍归男方所有。女方在未变更登记之前但凭离婚协议就将房屋出售存在一定法律风险，为保证房屋能顺利过户至买方名下，女方应尽快办理该房屋的析产过户手续，否则，导致交易无法继续或拖延的，女方可能需承担相应的违约责任。

律师建议：对于一方持离婚协议书来出售房屋的，中介公司应注意：

（1）应审核离婚协议书是否经民政部门确认。

（2）应告知买方该情况，并在合同中注明卖方是持离婚协议书出售的。

（3）应在合同中约定卖方析产的时间。

第二章　房产赠与

咨询 331：丈夫私赠情人房产，情人欲将房产出售，妻子知悉后是否有权要求情人返还房产？

律师解答：《中华人民共和国婚姻法》第十七条规定："夫妻在婚姻关系存续期间所得的工资、奖金；生产、经营的收益；知识产权的收益；继承或赠与所得的财产（第十八条第三项规定的除外）归夫妻共同所有。"我国合同法也规定恶意串通，损害国家、集体或者第三人利益的合同无效。合同无效或者被撤销后，因该合同取得的财产，应当予以返还；不能返还或者没有必要返还的，应当折价补偿。

根据上述法律规定，丈夫赠与情人的房产是在夫妻关系存续期间购买的，原则上为夫妻共同财产，妻子作为夫妻关系的一方对房屋共同享有所有权，丈夫未经妻子同意与情人串通，擅自将房屋赠与情人，损害了妻子的合法权益，该赠与合同应为无效。根据无效合同的处理原则，因该合同取得的财产，应当予以返还，因此，妻子有权要求情人返还房产。

咨询 332：婚姻存续期间男方同意将登记在其名下的共有房产的份额赠与女方，双方亦订立了《赠与协议》但尚未办理更名手续；离婚后，男方反悔，欲撤销之前的赠与并将该房产出售，其行为合法吗？

律师解答：《最高人民法院关于适用〈中华人民共和国婚姻法〉若干问题解释（三）》第六条规定："婚前或者婚姻关系存续期间，当事人约定将一方所有的房产赠与另一方，赠与方在赠与房产变更登记之前撤销赠与，另一方请求判令继续履行的，人民法院可以按照合同法第一百八十六条的规定处理。”

《合同法》第一百八十六条第一款规定：“赠与人在赠与财产的权利转移之前可以撤销赠与。”

根据上述规定，因房产仍登记在男方名下，产权尚未转移，《赠与协议》亦未经公证的，同时该《赠与协议》不具有救灾、扶贫等社会公益、道德义务性质的，男方可行使任意撤销权。但，需要注意的是，即便该赠与被撤销，该房产仍为夫妻共有财产，男方无权独自一人将该房产出售，其欲出售该房产也需征得女方的同意。

咨询 333：男女双方签订离婚协议（未办理离婚登记手续），协议约定将登记在女方名下的共有房产过户至男方名下，房屋过户到男方名下后，男方拒绝办理离婚手续，且欲独自一人将该房产出售给第三人，男方的行为合法吗？

律师解答：根据《中华人民共和国婚姻法》的规定，夫妻存续期间取得的财产为夫妻共同财产，法律另有规定的除外。也就是说，除了法律规定的情形，夫妻双方在婚姻存续期间获得的房产，无论是登记在一方名下还是双方名下均为夫妻共同财产。

上述情形中，男女双方虽签订了离婚协议，因该离婚协议约定的财产分割是以离婚为前提条件的，但现在由于并没有办理离婚手续，该财产分割的前提条件尚未成就，男女双方仍为法律意义上的合法夫妻，因此，无论房产登记在哪一方名下，仍为男女双方的夫妻共同财产，男方欲独自一人出售该房产的行为侵害了女方的夫妻财产共有权。

咨询 334：男方在离婚协议中将自己名下的房产赠与子女，现反悔想撤销赠与并将该房产售与他人，男方的行为合法吗？

律师解答：根据《中华人民共和国婚姻法》的相关规定，如果在订立财产分割协议时不存在欺诈、胁迫等情形，不得变更或撤销财产分割协议。离婚协议是夫妻双方就解除婚姻关系、子女抚养、财产分割等问题达成的合意，夫妻双方协议将房产赠与子女是双方共同为子女设定权利的行为，夫妻一方无权单方面任意撤销赠与，而应取得离婚协议另一方当事人的同意，否则撤销行为也不具有法律上的效力。

因此，离婚协议中赠与子女房产的行为是建立在人身关系的基础上的，其有别于单纯的赠与行为，不能当然适用合同法中关于任意撤销权的规定。

因此，男方反悔想撤销赠与并将该房产出售给他人的行为不合法。

第三章　房产继承

咨询 335：继承从什么时候开始？

律师解答：《中华人民共和国继承法》第二条规定："继承从被继承人死亡时开始。"

根据该规定可知，继承从被继承人死亡时开始。法律规定的继承权，只是继承人享有的一种期待权，如果被继承人没有死亡，继承关系就不会发生，只有在被继承人死亡以后，继承权才会成为既得权。遗嘱继承权的实现，必须存在被继承人生前立有合法遗嘱和被继承人已死亡两个法律事件同时发生，否则继承权无法实现。

咨询 336：哪些人享有法定继承权？

律师解答：《中华人民共和国继承法》第十条规定："遗产按照下列顺序继承：

第一顺序：配偶、子女、父母。

第二顺序：兄弟姐妹、祖父母、外祖父母。

继承开始后，由第一顺序继承人继承，第二顺序继承人不继承。没有第一顺序继承人继承的，由第二顺序继承人继承。"

根据上述规定，在死者生前没有立任何遗嘱或者遗赠扶养协议的情况下，法律规定其遗产的分配顺序，只有近亲属之间才享有继承权，包括死者的配偶、父母、子女、兄弟姐妹、祖父母、外祖父母。但这些人继承遗产是有顺序的，配偶、父母、子女是法律规定的第一顺序继承人，他们之间的地位是完全平等的，遗产将在他们之间平均分配；其他有继承权的近亲属，只有第一顺序继承人不存在时，才享有遗产继承权。

咨询 337：男方父母名下有一套房，遗嘱声明归男方个人所有，父母过世后，现男方持该遗嘱到中介公司出售该房产，但其配偶不同意，中介公司还能代为出售该房产吗？

律师解答：《最高人民法院〈关于审理离婚案件处理财产分割问题的若干具体意见〉》第二条规定："夫妻关系存续期间，即使双方未同居或分居两地，也不论财产是一方或者双方分别管理、使用，只要是婚后所得财产，都是夫妻共同财产。但是遗嘱或赠与合同中确定只归夫或妻一方的财产除外。"

《物权法》第二十九条规定："因继承或者受遗赠取得物权的，自继承或者受遗赠开始时发生效力。"第三十一条规定："依照本法第二十八条至第三十条规定享有不动产物权的，处分该物权时，依照法律规定需要办理登记的，未经登记，不发生物权效力。"

根据上述司法解释，因男方父母在遗嘱中特别声明该房产由男方个人继承，因此，自继承开始时该房屋归男方个人所有，与女方无关，男方有权处分该房屋，但在处分之前，需要先将房屋登记在自己名下，否则将不发生物权转移效力。

律师建议：此种情形下中介公司要告知男方先行办理遗产的过户登记手续后再将房屋出售，中介也不应只凭遗嘱就进行房屋买卖的居间。

咨询 338：登记在夫妻双方名下的房屋，一方死亡，另一方能否直接将房屋出售？

律师解答：《中华人民共和国继承法》第二条规定："继承从被继承人死亡时开始。"

根据该规定，继承从被继承人死亡时开始，一方死亡后，该房产则属于遗产，由所有继承人分割，办理产权变更登记手续。一方死亡后，其享有的房屋份额应由所有继承人按份继承（有遗嘱的除外），另一方单独出售该房屋，损害了其他继承人的合法继承权，因此，另一方不能直接将房屋予以出售。即使其他继承人放弃继承，也需要办理遗产的继承公证，而且，该房产也要先过户到另一方名下后才能出售。

律师建议：中介公司在居间继承的房屋时，应要求出售人出示遗产继承公证书以确定其是否有权出售，并告知出售人需先办理遗产继承手续并取得新的产权证后才可过户到买方名下。

咨询 339：男女双方同居多年并以夫妻相称，男方名下有一套房，现男方过世，女方欲以配偶身份委托中介公司出售该房产，中介公司应注意哪些问题？

律师解答：最高人民法院颁布的《关于人民法院审理未办结婚登记而以夫妻名义同居生活案件的若干意见》第十三条规定："同居生活期间一方死亡，另一方要求继承死者遗产，如认定事实婚姻关系的，可以配偶身份按继承法的有关规定处理；如认定非法同居关系，而又符合继承法第十四条规定的，可根据相互扶助的具体情况处理。"

《最高人民法院关于适用〈中华人民共和国婚姻法〉若干问题的解释（一）》第五条规定："未按婚姻法第八条规定办理结婚登记而以夫妻名义共同生活的男女，起诉到人民法院要求离婚的，应当区别对待：

（一）1994 年 2 月 1 日民政部《婚姻登记管理条例》公布实施以前，男女双方已经符合结婚实质要件的，按事实婚姻处理；

（二）1994 年 2 月 1 日民政部《婚姻登记管理条例》公布实施以后，男女双方符合结婚实质要件的，人民法院应当告知其在案件受理前补办结婚登记；未补办结婚登记的，按解除同居关系处理。"

根据上述规定，双方未办理结婚登记而以夫妻名义共同生活的，按以下两种情况处理：

（1）如果在 1994 年 2 月 1 日民政部《婚姻登记条例》公布实施以前，男女双方已经符合结婚实质要件的，按事实婚姻处理，即一方死亡后，另一方即可以配偶身份按《婚姻法》有关规定享有继承权。

（2）如果在1994年2月1日《婚姻登记条例》公布实施以后，男女双方符合结婚实质要件并补办了结婚登记的，在一方死亡后，另一方可以配偶身份享有继承权；未补办结婚登记的，男女双方间的关系按同居关系处理，任何一方都不享有夫妻财产分割和以配偶身份继承对方财产的权利。

所谓的“事实婚姻”很容易让人依据常理推断只要在一起生活一段时间就能对彼此的房屋享有继承权，但我国1994年后不再承认事实婚姻，只有在民政部门登记的婚姻才能得到法律的保护，仅仅是“同居关系”并不能使同居双方产生对房屋和其他财产的继承权。

律师建议：中介公司在居间此类房产时，应注意要求委托方提供该房产的继承公证文件或生效的法律文书，以确定委托方具有出售房产的权利。

咨询340：母亲去世后，父亲拿着房产证（产权为夫妻共有）来中介公司出售，中介公司能否让买方与父亲签订房屋买卖合同？

律师解答：《中华人民共和国继承法》第十条规定：“遗产按照下列顺序继承：

第一顺序：配偶、子女、父母。

第二顺序：兄弟姐妹、祖父母、外祖父母。

继承开始后，由第一顺序继承人继承，第二顺序继承人不继承。没有第一顺序继承人继承的，由第二顺序继承人继承。”

根据上述规定，被继承人的配偶、子女、父母为第一顺序继承人。母亲去世后，父亲、母亲的父母、所有的子女均为第一顺序继承人，对房产享有继承权，在其他继承人没有对自己享有的继承份额进行处分的情况下，该房产为父亲与其他继承人共有的产权。根据《物权法》第九十七条的规定，处分共同共有的财产必须经全体共有人同意，因此，父亲私自卖房的行为侵犯了其他继承人的继承权。

律师建议： 中介公司在为父亲出售该房产时，应要求父亲提供继承公证以及其他继承人的委托书或其他继承人放弃继承的公证，若父亲已经与他人签订买卖合同，其子女又不同意出售该房产，最终导致合同无法履行的，父亲可能要承担违约的责任，中介公司也同样面临居间过失的责任风险。

咨询 341：继父过世，除继子之外无其他继承人，现留下一套房，继子欲以继承人身份出售该房产，中介公司能代为出售该房产吗？

律师解答： 根据《中华人民共和国继承法》的规定，若继父没有立遗嘱，其遗产按照法定继承的方式进行继承，由于继父除该继子之外，无其他第一顺序继承人，因此，该继子有权继承继父的该套房产。根据我国物权法规定，该继子在出售房屋之前，需要先将房屋登记在自己名下才能发生房屋所有权转移的效力。

律师建议： 中介公司虽可以代为出售该房产，但在与买方签署房屋买卖合同时，应要求该继子提供合法的继承公证书并要求其先将房屋登记在自己名下再出售。

广东广岭律师事务所介绍

广东广岭律师事务所是一家以房屋买卖合同纠纷、居间合同纠纷、建筑工程施工合同纠纷为主要诉讼业务，以房地产法律培训、房产非诉业务为辅的专业型精品律所，该所尤其擅长解决房屋买卖交易过程中出现的各类法律问题。

广东广岭律师事务所自成立以来，专注于房地产法律服务，其律师团队团结稳定。该律师团队代理建筑工程施工合同纠纷案件数十起，代理二手房买卖纠纷及居间合同纠纷案件数百起，为广大客户提供过数千次房地产法律咨询。

广东广岭律师事务所秉承专一、专注、专业的服务理念，竭诚服务于广大房地产中介公司，近年来累计担任过300多家房地产中介公司的常年法律顾问，顾问单位不仅有广州、东莞、佛山、中山、珠海、惠州等省内的地产中介公司，更遍及四川泸州、江西赣州、黑龙江大庆、湖北武汉、广西南宁以及天津、河北等全国各地。

广东广岭律师事务所虽然年轻，但朝气蓬勃，该所坚持走一条集法律咨询、培训、诉讼、非诉于一体的房地产专业型律师事务所之路，努力将其打造成全广州，乃至全国范围内最专业的房地产法律服务律师事务所。

了解更多房产法律资讯请扫码：

专业房产律师在线

广东广岭律师事务所地址：广州市越秀区寺右新马路113号五羊新城广场1419室

联系电话：020－37684419

中经房地产行业培训图书

售罄·地产精英培训系列

房地产法律知识系列

房地产财税操作系列